C. M. HERZOG

WEISHEIT UNTER DER SONNE

DRAMA IN FÜNF AKTEN

Bibliografische Information der Deutschen Bibliothek

Die Deutsche Bibliothek verzeichnet diese Publikation in der Deutschen Nationalbibliografie; detaillierte bibliografische Daten sind im Internet über http://dnb.ddb.de abrufbar.

1. Auflage 2011, Die Blaue Eule, Essen

2. überarbeitete Auflage 2022

2nd revised edition, 2022

© C. M. Herzog, Mag. phil.

Photo: in memoriam Klaus Galovits

Herstellung und Verlag:

BoD – Books on Demand, Norderstedt

ISBN 9 783756 818051

Printed in Germany

INHALTSVERZEICHNIS

DRAMATIS PERSONAE

Salomon, ca. 971 bis 931 v. Chr.

Marc Aurel, 121 bis 180 n. Chr.

Seneca, 4 v. Chr. bis 65 n. Chr.

Hermes Trismegistos, altes Ägypten, ca. 2.400 v. Chr.

Szene – Vor der Treppe der Piazza die Spagna in Rom

EINWEIHUNG

Das Herz des Weisen drängt nicht nach der Fülle
des Lebens, nach dem Silber und dem Glück.
Es beugt sich selbst der starke Lebenswille
dem Ruf der Gottheit jeden Augenblick.

Er liebt nicht Edelsteine in der Truhe
als Mensch im All, der um die Gottheit weiß.
Sein höchstes Gut ist seine Seelenruhe
in Freud und Leid, sie ist sein Siegespreis.

Gewaltig brüllten auf des Tempels Stufen
die Löwen, aus dem reinsten Gold gegossen.
Man prüft das Gold inmitten Feuersglut.

Der Weise hört wie einst den Armen rufen
und eilt hinzu, ein Krieger auf den Rossen.
Der König naht: Steh auf! Er ist dir gut!

AKT I

Szene 1 – Seneca und Salomon auf der Spanischen
Treppe. Seneca trägt eine Toga wie ein römischer
Bürger, Salomon trägt einen weißen Überwurf mit
goldenem Schal.

Seneca:
Wie wandelte sich seit zweitausend Jahren
die kaiserliche Stadt, mein liebes Rom!
Einst wurden Wagenrennen hier gefahren,
und heute forschen sie nach dem Genom.
Wie einst im Colosseum wilde Kämpfe
mit Löwen um des Gladiators Leben
die plebs erfreuten! Doch die Freude dämpfe,
auch wenn der Mensch nun frei in seinem Streben,
so findet er doch allerlei Vergnügen
in Brot und Spielen, wie in alten Zeiten,
lässt sich vom Schein des Äußeren gern trügen,
verleiten von den Oberflächlichkeiten.
Wie war die Suche nach dem Sinn im Leben
zu meiner Zeit geachtet und geadelt,
obwohl ich Nero, trotz dem kindlichen Streben,
recht oft ermahnt und häufig auch getadelt.
Wie konnte Nero solcherart geraten,
den ich doch selbst so kundig unterwiesen.
Er war verflucht. Er hat selbst Gott verraten.
Bei Iuppiter! Wie meine Tränen fließen!

Salomon:
Mein Freund! Wie hat die Erde sich gewandelt,
doch gibt es Neues nicht unter der Sonne.
Welch Eitelkeit, um die sich alles handelt
und trügerische Gier nach Lust und Wonne.
Ist doch das Greifen nach dem Augenblick
nicht mehr als Haschen nach dem kühlen Wind;
das Kommende bringt diesen nicht zurück,
denn er huscht fort und ist dabei geschwind.

8

Seneca:
Du großer König, weisester von allen,
der Israel in alter Zeit regierte!
So findet diese Erde dein Gefallen,
die den nicht kennen will, der sie verzierte?

Salomon:
Es ist nur Äußeres und nichts als Leere,
was mir in dieser Stadt den Blick verstellt:
Wenn ich den Blick jedoch nach innen kehre,
so ist nicht viel verändert in der Welt.
Zwar geben sie ins Haar nicht mehr das Öl,
auch sind die Römer nicht mehr weiß gewandet,
doch machen sie aus ihrem Leid kein Hehl,
dass sie gar mancherorts bereits gestrandet.
Sie finden keinen Sinn. Das Glück vergeht.
So suchen sie, und oftmals ganz von Sinnen,
um das zu finden, was ewiglich besteht,
und können doch dem Unglück nicht entrinnen.
Wie arme Vöglein in des Fängers Netz
geraten, das bestreut mit bunten Federn,
bestimmt auf Erden ein ehernes Gesetz
dass Unglücks Fangstricke die Menschen ködern
den Fischen gleich, die hin zur Rute jagen,
die aus dem Wasser, ihrem Element
mit einem Widerhaken tief im Magen
für immer von dem kühlen Nass getrennt.

Seneca:
Mein weiser König, wie die Fische fängt
Fortuna hier auf Erden ihre Weisen;
denn wie das Schicksal auch ihr Leben lenkt,
das eine Gottheit Menschenkindern verheißen,
so stehen sie im reißenden Strome fest
und unbeirrt von all des Daseins Leiden.
Und wenn die Gottheit sie nicht leben läßt,
verstehen sie, von dieser Welt zu scheiden.
Im Hier und Jetzt schon dienen sie dem Gott

an jenem Platz, der ihnen zugewiesen,
doch sind die Weisen auf der Stelle tot,
wenn diese sich von Gott entfernen müssen.

Salomon:
Es ist nicht so, wie deine Schule lehrt,
als letzte Flucht dem Weisen eine Grube;
es ist der Tod in seinem Sinn verkehrt,
vor diesem sind der Greis und auch der Bube
ganz gleich, wie unsre Ahnen uns belehren.
Und keiner lobt dort Gott, in jenen Tiefen
der Erde, die die Rückkehr uns verwehren.
Mir scheint, als ob die Toten ewig schliefen.

Seneca:
Auch hier, mein König, magst du Recht behalten,
es mag ein Schlaf sein, der des Traums entbehrt.
Doch will die Gottheit hier allmächtig walten,
so mag es sein, dass man nur wiederkehrt
in jene Welt, die heller als die Sonne
die Augen blendet, dass wir sie nicht sehen;
dort drüben ist des Menschen ferne Krone
im Licht, wenn wir nur zu den Göttern flehen.
Wir selbst, sind wir nur Schläfers Traumgestalten,
der sich gemütlich auf dem Bett hinstreckt?
Und sind wir nicht Beweis für jenes Walten
der Gottheit, die in jedem Wesen steckt?
Das Dasein ist ein trügerischer Schein,
was uns Fortuna, unser Schicksal sendet
an Gutem und an Glück, gehört allein
der Göttin, die uns gütig zugewendet.
Doch dann entreißt sie aus des Lebens Mitte
das Teuerste, was wir auf Erden haben.
Der Weise ist bedacht auf seine Schritte:
Er hält nicht fest, was uns die Götter gaben.

Salomon:
So herrscht auf dieser Treppe reges Treiben
von Jung und Alt, für Neues aufgeschlossen;

so unstet ist das Glück, es will nicht bleiben,
bedenkt, ihr Römer, dies gar unverdrossen.
Ein Mann in seinen stolzen Jugendjahren
erlebt die Liebe und erliegt dem Zauber,
doch jämmerlich muss der Arme später erfahren,
der Schriftzug der Liebe ist weder gerade noch sauber.
Ich hatte in meinem Königreich Tausend Frauen,
doch fand ich nicht eine, die meine Seele teilte.
Den Tempel der Freundschaft mächtig zu bauen
gelang mit einem Mann, der bei mir weilte.
Ich suchte im ganzen Reich. Dann fand ich den Freund.
Zu meinem Tempel war er der erste Stein;
wir waren ein Leben lang treulich vereint,
und trotz meinem Thron war ich nie wieder allein.

Salomon ab.

Szene 2 – Seneca geht ums Eck und kauft sich eine
Pizza über die Gasse. Er kehrt zur Spanischen Treppe
zurück und setzt sich ganz unten hin.

Seneca:
Wie brennt die Sonne, ach, so hell herab
auf diesen Platz, an dem die Engel rasten.
Wie dunkel war es in dem engen Grab
und hier die Weite ohne alle Lasten.
Dies also war des Menschen Werk und Wille,
den Göttern lieb auf freiem Grund zu wohnen.
Doch fehlt den Römern trotzdem jene Stille,
getanes Tagwerk reichlich zu belohnen
in sich versenkt, fernab dem bunten Treiben
den Quell zu spüren, der sich aus der Tiefe
ergießt, in Gegenwart des Herrn zu bleiben,
als ob der Körper tief und traumlos schliefe.
Der Geist jedoch will immer aufwärts steigen
und findet in der Höhe seinesgleichen.
Dort mag sich eine leise Ahnung zeigen,
wie es einst sein wird in den Geisterreichen.
Doch hier ein Fuhrwerk, nicht vom Pferd gezogen,

das lärmt und im Geschwätz der Masse verhallt.
Die Götter haben wahrlich nicht gelogen,
ihr Ebenbild in menschlicher Gestalt.
Dort ist ein Vogel, der auf Eisenschwingen
gar seinen Weg durch Tausend Wolken findet;
vor diesem Brunnen hört man Kinder singen,
die Menschen, die die Menschlichkeit verbindet.
So viele Leute sitzen auf der Stiege
mit schwarzen Sonnengläsern auf der Nase,
die Heiterkeit ist wahrlich keine Lüge
auf dieser frequentierten Einkaufsstraße,
die zum El Greco führt, dem Stadtcafé;
und gegenüber auf dem weiten Platz
gibt es ein Teehaus, und da trinkt man Tee.
Die ewige Stadt birgt wahrlich einen Schatz!
Wie hoch die Bauten hin zum Himmel streben,
doch die Fassaden fügen sich harmonisch
zu einem Ganzen. Hier lässt sich gut leben.
Doch dies ist nur geliehen, so lakonisch
betrachte ich den eitlen Ruhm der Welt.
Der wahre Schatz, den Weise sich erwerben,
wird nicht vor Menschenmengen ausgestellt.
Die Meister wissen, dass die Menschen sterben
und alles Glück auf Erden nur vergänglich.
Was auch Fortuna gibt, wenn sie gewogen,
so ist dem Menschen doch bekannt hinlänglich,
dass diese Göttin feindlich und verlogen.

Szene 3 – Marcus Aurelius tritt hinzu und beginnt ein
Gespräch mit Seneca. Marcus Aurelius trägt einen
purpurfarbenen Mantel und einen Smaragdring.

Marcus Aurelius:
Wie wahr, du edler Lehrer, deine Worte,
die du für diese eitle Leere findest.
Ich war auf Erden wohl an manchem Orte
und sah das Treiben, das du hier ergründest.
Vor langer Zeit erbauten starke Krieger

weitausgedehnte, starke Königreiche,
sie schlugen jeden Feind, die stolzen Sieger,
und ihre Völker wünschten sich das gleiche,
was niemals neu erfunden auf der Erde,
dass einer lebe, dass ein andrer sterbe,
sie beteten, dass ihnen Wohltat werde,
und trachteten, was einer sich erwerbe,
zu teilen und zu stehlen, zeugten Kinder,
sie starben an den Seuchen, häuften Schätze,
sie hungerten, dann wieder ein Erfinder,
der Segen brachte, Treue zum Gesetze,
des Krieges Waffen klirrten in den Schlachten,
das Königreich zerfiel, vom Feind belagert,
bis neue Königreiche Wohlstand brachten,
obwohl so mancher Bettler, abgemagert,
am Tor der Stadt sein karges Brot erhalten
in seiner Not. So geht zu allen Zeiten
der Menschen Leben und ihr täglich Walten
in Kreisen, die sie immer neu beschreiten.
Ein Menschenleben in nur zwanzig Jahren
genügt zu sehen, was an guten Zeiten
auf dieser Erde Menschen je erfahren.
So unstet ist das Glück.

Seneca:
Nicht zu bestreiten!
Denn alles, was die Menschheit je erdachte,
ist ja, wie Salomon, der Weise, lehrt,
seit früher Urzeit das Althergebrachte,
sein Streben war dem Menschen nie verwehrt.
Doch wenn er dann an seinem Laster leidet
und keinen Sinn mehr in der Mühe findet,
wenn er dann still aus seinem Leben scheidet,
das in ein tiefes Grab der Ruhe mündet,
so sei es diesem wahren Unglücksraben
doch nicht verwehrt, die eigene Hand zu strecken

und endlich, in der Erde still begraben,
die endlose Misere zu bedecken.

Seneca ab.

Szene 4 – Marcus Aurelius holt sich eine Flasche
Acqua minerale und die Abendzeitung. Er liest sie im
Café El Greco, bei einem Mocca. Dann beginnt er zu
sinnieren.

Marcus Aurelius:
Nichts Neues auf der blauen Mutter Erde,
denn was je kommt, ist längst schon da gewesen,
trotzdem wünscht sich der alte Mensch, er werde
gelobt für seine Taten, die erlesen.
Ja, selbst die Jugend rühmt nicht mehr die Alten,
die sie mit Zügeln in die Reife entließen,
und selber gilt man mehr, als diese galten,
will Nachruhm bei den Kommenden genießen?
Der Ruhm des Menschen in den fernen Zeiten,
die kommen, liegt im ewigen Vergessen;
was soll der Vorfahr in der Welt bedeuten,
der seinen Ruhm an Ewigkeit bemessen?
Welch Hochmut!

Salomon tritt langsam hinzu und nimmt die schwarze
Sonnenbrille ab.

Salomon:
Diesen loben Toren,
und selbst, wenn man sie in der Dresche drischt,
geht nichts an ihrer Torheit je verloren.
Sie ist ja mit der Dummheit eng vermischt!
Mein Freund, der Kaiser ...

Marcus Aurelius:
Weisester König der Juden,
sei mir gegrüßt, du Größter deiner Zeit!
Du, den die Götter früh zum Mahle luden,
zeigst, dass dich Hochmut keineswegs erfreut.

14

Du warst gerühmt vor all den weisen Männern
in alter Zeit, so sprich, wie fand dies Wissen
zu deinem Herzen?

Salomon:
Mit den Menschenkennern
umgab ich mich, die mich erkennen ließen,
wie tief im Menschenherz das Böse wohnt,
doch wenn es sich zu Gott emporgerichtet,
der über allen Wolken mächtig thront,
so wird des Herzens Streben umgeschichtet
und ruft nach Weisheit, der Gespielin des Herrn
in jenen Tagen, als die Welt erschaffen,
denn Weisheit stand an seiner Seite gern,
da noch die Erde jungfräulich geschlafen.
Als er die Tiefen in die Erde senkte
und Berge bis zum Himmel hoch gehoben,
da war es Weisheit, die ihn darin lenkte,
dafür will ich den Ewigen stets loben.
Die Weisheit, sprach ich einst vor Gottes Ohren,
ist mehr für mich als alles Gold der Welt,
sie bleibt verschlossen vor den dummen Toren
und ist, was erst des Menschen Weg erhellt.
So bat ich ihn von allen seinen Gaben
um diese eine, nicht um schöne Frauen,
auch wollte ich nicht die Gesundheit haben
und mich an meinem Reichtum stets erbauen.
Und sieh, der Höchste, er gewährte mir
nicht nur die Weisheit, Erstgeburt des Guten,
er gab mir auch die Menschen, das Getier
und alles Wissen, so darf ich vermuten,
dass er die eine Gabe höher schätzte
als alles andre, selbst den Ruhm auf Erden,
und weil ich mich daran so recht ergötzte,
ließ er mich Salomon, der Weise werden.
Er schenkte auch den Reichtum ohne Maß
und Tausend Frauen, schöner als die Sterne,
da er wohl wusste, dass ich nie vergaß,

15

dass ich von Gott allein die Weisheit lerne.
Die Toren aber finden ganz allein
die Torheit, und sie kommen darin um.
Es führt kein Weg zurück zum frommen Sein,
denn Toren sind zwar schlecht, jedoch auch dumm.

Marcus Aurelius:
Auch ich erlebe so viel Schmutz der Welt
und Menschen, die in ihrem bösen Treiben
von Anfang an das nahe Ziel verfehlt,
nicht wildes Tier, vielmehr ein Mensch zu bleiben.
Dann frage ich, was klage ich vor Göttern,
dass andre nicht das rechte Leben finden,
beinah verlacht von diesen frechen Spöttern,
die niemals ihren Lebenssinn ergründen.
Doch jener Zweck der Ethik ist der Grund
für ein erhabnes und gerechtes Leben,
denn ist die göttliche Natur gesund,
so will sie eines Menschen Schicksal weben,
das sich harmonisch in das Ganze fügt
und aus dem All symphonisch widerklingt,
weil die Natur in stetem Wandel liegt
und nichts erschafft, was nicht das Gute bringt.

Marcus Aurelius steht auf und geht langsam Richtung
Piazza di Spagna zurück.

Szene 5 – Salomon bestellt ebenfalls einen Mocca und
zündet sich eine Zigarette an.

Salomon:
Wer Zucht liebt, der gewinnt daraus die Einsicht
in meine Lehre, meines Vaters Worte,
denn in der Finsternis gibt es nur ein Licht,
das leuchtete, als schon die Frucht verdorrte
am Apfelbaum, der die Erkenntnis brachte,
und zwar die Klugheit, um zu unterscheiden,
was Gut und Böse, was der Mensch sich dachte.
So soll der Mensch zuweilen sich bescheiden

und Disziplin vor allem soll er treulich lieben.
Denn diese lässt ihn seelisch weiter reifen
und auch die Liebe zu dem Höchsten üben.
Die Menschen sind zu dumm, um zu begreifen
und so gefangen in der Torheit Netzen,
sie sehnen sich nach Einsicht, doch betreiben
nicht täglich ihre Zucht. Die Menschen schätzen
nicht die Thora, um dabei zu verbleiben,
die sie erbaut und gütlich sie belehrt,
so müssen sie betört und einfältig jammern,
weil soviel Schlechtes ihnen widerfährt.
Viel besser lernen sie in stillen Kammern,
denn die Betörten mag Erkenntnis finden,
wenn sie die Lehre stets getreulich achten,
der Dumme mag der Klugheit sich verbünden,
wenn andre ihm nach seinem Leben trachten.
Dem Frevler scheint das Leben unter der Sonne
ein Jagdgebiet für seine üblen Taten,
doch endlich zeigt sich meine Königskrone,
wer sich nicht müht, der ist gar schlecht beraten.
Die Löwen reißen auf die wilden Mäuler
und Drachen atmen stinkend Feuerrauch.
Hier ist kein Platz für kundige Kräuterheiler,
dies ist das Strafgericht im Windeshauch.
So schnell, wie er gekommen, geht vorbei
der Zorn von Gott, der zögerte ein wenig,
und ausgeliefert auf Verderb und Gedeih
erwartet dann ein Volk den neuen König.
Schon glänzt die Krone, die guten Untertanen,
sie singen und jubeln dem Herrscher in einem zu.
Er wird die Frevler zur Besinnung mahnen,
die Armen und Schwachen, sie kommen endlich zur Ruh.
Ein Feigenbaum erblüht in jedem Garten
und Trauben aus dem Weinberg aus dem Vollen,
ein jeder kann die Zeit dafür erwarten,
um seinen Anteil ebenfalls pflücken zu wollen.

Gerechtigkeit und seiner Schuld Vergebung,
die durch die Liebe und Treue oftmals gebüßt,
erlebt der brave Untertan, denn die Erhebung
zur Gottheit ist, was unser Werk versüßt.

Akt II

Szene 1 – Salomon steht am Ufer des Tibers und wirft
ein Stück Brot über das Wasser. Seneca beobachtet
ihn, bleibt kurz stehen und tritt hinzu.

Salomon:
So nimm dein Brot und wirf es übers Wasser,
du wirst es einstmals sicher wiederfinden.
So geh den Weg mit Gott und sei kein Prasser,
die Lehren deiner Väter sollst du binden
um deinen Hals …

Seneca:
… ja, Gold und Edelsteine
besaß auch ich und war nicht arm an Schätzen;
der Reichtum ist es nicht, den ich verneine,
denn daran darf man sich getrost ergötzen.
Doch zwischen all dem Geld und Gold des Hauses
und mir als Menschen schaffte ich bald Raum,
selbst während eines festlich reichen Schmauses
hielt ich mein Wollen innerlich im Zaum.
Doch die Distanz zu meinen irdischen Gütern
und selbst zu meiner Frau, die kinderlos
bewahrte mich vor mächtigen Gebietern
des Schicksals, die das Gut entreißen bloß.
Die Parzen spinnen mitleidslos den Faden,
Fortuna gibt im Überfluß das Glück,
und wollen sie dem Menschen einmal schaden,
so nehmen sie das Teuerste zurück.
Das Unglück folgt der Welt auf Schritt und Tritt,
doch wenn das Herz nicht an der Erde hängt,
so nimmt Fortuna nicht das Beste mit,
da ja die Seele nach der Gottheit drängt.
Die nächste Welt, die kommt, wird glücklich sein
im Überfluß, und niemand wird dort leiden.
In Wahrheit bestimmen wir diesseits ganz allein,
welch eine Welt wir wählen von den beiden.
Wenn der Besitz der Körpers mir nichts gilt

und auch der Körper selbst nicht wertvoll scheint,
so ist die Sehnsucht nach dem Glück gestillt,
bin ich erst mit den Ewigen vereint.
Und diese Welt ist ja ein Rasthaus nur
des Wanderers, der kurz verweilen will;
der Logos in der göttlichen Natur
behält vor seinen Augen stets das Ziel.
Des Universums göttliche Vernunft
benötigt uns in diesem Augenblick;
doch es verspricht uns eine Wiederkunft
im Tod, zu aller Ewigkeit zurück.
So lange, bis das Weltenfeuer brennt
und alles, selbst ein Gott, ins Feuer muss,
bis Zeus die eigene Göttlichkeit erkennt
und neu die Welt erschafft. Wie einen Fluss,
der sich darin gefällt, dass Altes stirbt,
und immer andre Spielarten des Neuen
entwickelt, das dann seinerseits verdirbt.
Der alte Kosmos will sich stets befreien.
Hier ist der Mensch.

Salomon:
Er wahre die Gebote.
Er fürchte Gott. Denn dieses ist das Ganze,
was einen Menschen ausmacht. Denn der Bote
der Ewigkeit bricht für ihn eine Lanze,
der Todesengel, der die Freiheit bringt,
denn selbst im Tod noch ist der Mensch geborgen,
des Leben die Gerechtigkeit beschwingt.
Der Herr sieht in sein Herz, er kennt die Sorgen
des Menschen, der zum Dienst an Gott gerüstet.
Denn vor dem Höchsten kann er nichts verbergen,
der sieht, wie dieser Mensch sein Leben fristet.
Es gibt auch kein Versteck bei scheuen Zwergen,
nicht in der Wüste, dem Höchsten zu entrinnen,
der einstmals richten wird mit großer Güte,
denn den Gerechten kann man nur gewinnen,
wenn sich der Mensch im Leben treulich mühte.

Die Weisheit schreit auf Gassen, ruft vor Toren
der Stadt, so kommt und esst von meinem Schlachtvieh
und trinkt vom Wein. Ihr seid zum Höchsten erkoren.
Ich lade euch ein. Sosehr die wahre Macht nie
dem Frevler gehöre, der dieses Gut missbraucht,
gieße ich in euer Herz die Klugheit, das Wissen
um Gut und Böse, die göttliche Weisheit haucht
den Odem Gottes, den wir niemals missen,
in unsere Seele ein. Der Herr gibt uns Kraft.
Er ist ja der Ursprung der Weisheit, der ewigen Gabe,
die Tiefen festmacht und die Höhen schafft,
und lerne dies bereits als munterer Knabe.
Der Hauch von Gott …

Seneca:
… ist der Beginn der Weisheit,
die den beschützt, der sie von Herzen liebt.
Der Weise ist beschützt, er fürchtet kein Leid,
weil ihm die Weisheit seine Stärke gibt.
Wenn einer ihn beleidigt, übersieht er,
was jener ihm an Bösem nun getan.
Wenn jemand ihn auch tötet, nun, so flieht er
zur nächsten Welt und hält sich fest daran.
Der Weise schimpft nicht wütend über Götter
und tut den anderen kein Unrecht an;
die Pflicht vor Zeus, der Menschen höchstem Retter
wird treu erfüllt von einem guten Mann.
Es war zu einer Zeit im Perserreich,
da tötete der König beim Gelage
des Gastes Söhne, dessen Haltung gleich
und unbeirrt blieb, ohne jede Klage.
In einem Tempel beim Weihrauchopfer erfuhr
ein anderer von seines Sohnes Tod;
gleichmütig blieb er, blieb gelassen, doch nur
zu Hause klagte er und jammerte zu Gott.
Doch nach der Trauer und dem lauten Jammern
trug er dieselbe Miene im Gesicht,
der Mensch darf sich an Menschen niemals klammern,

denn, wie man weiß, unsterblich ist er nicht.
Sogar ein Bauerntölpel kann nicht wissen,
ob er den Abend noch erleben wird.
Der Tod …

Salomon:
… hat manchen aus der Welt gerissen,
doch hat uns Gott in dieses Land geführt,
damit wir glücklich und auch lange leben,
die Weisheit zeigt uns dabei unseren Weg.
Die Lebensjahre sind von Gott gegeben,
wenn wir beschreiten den geraden Steg
und nicht auf breiten Straßen mit den Toren
in Unzucht und im Rausch durchs Leben treiben.
Wir sind zu einem großen Werk geboren,
von Gott geschützt, wenn wir nur weise bleiben.
Ein langes, gutes Leben hier auf Erden
verspricht uns Gott, wenn wir die Einsicht wahren,
wenn wir in seinem Sinne glücklich werden
und seine Botschaft tief im Herz erfahren.
Die göttliche Lehre, teuer wie Geschmeide
bindet man wie eine Kette um den Hals.
Dann schreitet man in einem weißen Kleide
zur Arbeit, und erholt sich bestenfalls
in dunkler Nacht, die für den Schlaf gemacht.
Nur ein paar Stunden, nicht das Händeklatschen
des faulen Schläfers, und dann wird vollbracht
das Tagwerk ohne Jammern oder Tratschen.

Szene 2 – Seneca setzt sich ans Ufer des Flusses,
Salomon bleibt stehen. Marc Aurel tritt hinzu.

Seneca:
Ach, Zeus verschluckte Metis mit dem Sohn,
denn jener sollte ihm den Thron entreißen,
es scheint mir ganz so zynisch wie ein Hohn,
dass diese Menschen heute Christen heißen
und Kreuze zimmern als Symbol der Liebe.
So wurde doch der Sohn des Zeus geboren

und stieg auf dessen Thron. Der Menschen Triebe
sind längst gezähmt, die Menschheit nicht verloren.
So glaubt der Christ, ein liebevoller Meister
wohnt wohl beim Vater in der nächsten Welt.
Der Christ lobt Christus und sein Sterben preist er
und glaubt, dass dieses Opfer Gott gefällt.
Ja, Zeus verschluckte damals auch Athene,
die Pallas, die ihm weisen Rat bescherte;
doch stieg aus seinem Haupt darauf die Schöne
in voller Rüstung, wie man sie verehrte.
Im Abendland …

Salomon:
… der Gott der Juden allein,
und sollst du keine andren Götter haben
und nicht mein Bild gar einmeißeln in Stein
und dankbar sein für alle guten Gaben.
Und diesem Gott, nur ihm und ihm allein,
ihm danken wir und loben seine Größe;
er war, er ist, er wird für immer sein
und schützt des kleinen Menschenwesens Blöße.
Wir sind in seinem Dienst …

Marcus Aurelius:
… auf dieser Erde,
ein ganzes Leben wird er uns geleiten,
der Logos ist der Grund, dass alles werde
und kommt und geht unendlich durch die Zeiten.
Ich bin Smaragd und will das Grün bewahren,
nicht wechseln meine Farbe jeden Tag,
dann darf ich Gottes Güte auch erfahren
und weiß, dass mit ihm keiner unterlag.
Der Mensch soll erst dem guten Zwecke dienen,
den er für sich erwählt und der ihm passt.
Doch dann ist auch die Gottheit ihm erschienen,
damit er Gutes tut, auf Erden ein Gast
und doch gemeinsam mit dem Geist erlesen,
zum Wohl des Staates etwas beizutragen

ist stets das Ziel des Stoikers gewesen.
Der Mensch kann seinen Daimon immer fragen,
ob er am Weg das Ziel auch nicht verfehlt.
Der hört ihm zu. Der kennt den letzten Grund
des Strebens und des Daseins auf der Welt.
In diesem Geiste bleibt sein Herz gesund
und denkt fast mathematisch, plant den Weg
auf dem es hin zum großen Kosmos schreitet.
Die Gottheit aber nimmt das Leid vom Steg,
die uns in Wahrheit stets beim Tun begleitet.
Nicht das, was andre Menschen tun auf Erden
soll uns als Richtschnur unsres Handelns dienen,
wir müssen sehen, dass wir selber werden
wie Gott uns will, von seinem Licht beschienen.

Salomon ab.

Szene 3 – Seneca spaziert entlang des Flusses zu
einem Café und bestellt eine Flasche Lambrusco.
Marcus Aurelius folgt ihm und bestellt einen Mocca.
Er zündet sich eine Zigarre an.

Seneca:
Der Luxus, den die Römer jetzt genießen,
sie haben alles, doch ist nichts genug.
Die Armut lässt die Menschen schnell verdrießen
und doch ist all das Haben nur ein Trug.
Einst war ich im Exil, der Heimat fern
und trug nichts mit mir als mein nacktes Leben.
Und ich betrachtete den Abendstern,
denn dieser konnte soviel Ruhe geben,
den Himmel, die Sonne und den vollen Mond,
dann wieder hörte ich des Meeres Rauschen,
darauf erschien mir, der im Himmel wohnt,
mit keinem Menschen wollte ich mehr tauschen.
Ich sah des Meeres Wellen in der Flut
und auch die Ebbe, die sich langsam senkte,
auch dieses Schauspiel gab mir starken Mut,
dann dachte ich, wer wohl den Wagen lenkte

des Helios, da dieser so sehr brannte
auf Corsica, der Dorneninsel nah,
auf die der Caesar mich aus Wut verbannte.
Doch fand ich meine Studien ebenda
und nicht vermisste ich die Heimatstadt.
Ich hatte nur, was man zum Leben braucht,
ich wärmte mich, ich trank und wurde satt.
Jetzt sind wir hier, ein jeder trinkt und raucht
und will das Leben aus dem Vollen schöpfen.
Das Wenige genügt. Der Leib vergeht,
doch denken alle gerne mit den Köpfen,
das Herz jedoch, das allezeit besteht,
will heutzutage kaum ein Römer fragen.
Es denkt viel klüger, hört dem Daimon zu
und will nicht ständig jammern oder klagen.
Und tief im Herzen herrscht die göttliche Ruh.
Und du, mein König?

Marcus Aurelius:
Denken mit dem Herzen
erlernen die Menschen in alten Schriften schon.
Bei den Hebräern nimmt man Schabbatkerzen
und liest die Schrift und merkt sich viel davon.
Wir können auch den weisen König fragen,
an welcher Stelle der Verstand entspringt.
Selbst Salomon wird uns ganz sicher sagen,
dass dies nur mit dem Herzen gut gelingt.
Und diesseits die Materie ist nur Schein,
ein flüchtiger und fraglicher Genuss.
Wer statt des Wassers immer nur den Wein
zu Munde führt, der findet Überdruss.
Doch was ein Ding ist, soll man überlegen,
dies Purpur, nur gefärbt in Schalenfisch.
Zudem kann man bei jedem Ding erwägen,
woraus besteht ein sinnliches Gemisch?
Hier Traubensaft, aus Wasser und aus Trauben,
dort Rindfleisch, das gegärt in seinem Saft,
selbst Liebe kann man auseinanderklauben,

die Reibung von zwei Körpern voller Kraft.
Man soll nicht mehr an Wert den Dingen geben,
denn alle sind sie stofflicher Natur,
so kann man glücklich und bescheiden leben:
Mein Mantel, nur die Wolle nach der Schur.
So soll man jedes Ding an sich betrachten,
woraus besteht es, was ist der Gehalt.
Dann wird man nicht die Teile höher achten
als ihren Wert. Man findet nicht Gewalt
in jenem Logos, der die Welt regiert.
Was will die göttliche Natur vergleichen,
wo ist, wohin uns diese Gottheit führt,
und welche Ziele sollen wir erreichen?
Man lässt die Schwere der Materie los
und fühlt sich schon zum Himmel aufgehoben,
wie nächtens tief im Traum erlebt man bloß
die Seele mit der nächsten Welt verwoben.
So sucht der Mensch in sich die ruhige Stille
und muss nicht zu des Meeres Stränden fahren,
zur Ruhe kommt der Wirbel der Gefühle,
sein Daimon wird ihn vor dem Fall bewahren.
Die Seele …

Seneca:
… erlebt so wie von weitem das Glück
und bleibt im Unglück innerlich gelassen.
Sie ruht in sich. Sie richtet beständig den Blick
ins Innere, die Gottheit zu erfassen,
und lässt die Freude nicht in Höhen schießen,
so löscht sie auch die Traurigkeit im Leide,
damit nicht bittere Tränen fließen müssen.
Denn Gleichmut ist so kostbar wie die Seide.
Der Weise schafft sich Zuflucht vor der Welt
in seinem Herzen, das von Glück und Leid
nicht einmal den geringsten Teil behält,
denn …

Marcus Aurelius:
… alles ist nur leere Eitelkeit!

Marcus Aurelius ab, Seneca ab.

Szene 4 – Salomon steigt aus einem Taxi bei der Villa
Borghese und legt sich auf die Steinmauer, um sich zu
sonnen. Seneca setzt sich daneben.

Seneca:
Hier tummeln sich die Römer in den Straßen
und kaufen, was in Kronos' goldener Zeit
von Eichen floß an Honig, und sie prassen
mit Milch und Rotwein, der ihr Herz erfreut.
Der Honig …

Salomon:
… ist gesund mit seiner Wabe,
auch meinem Sohn gab ich den weisen Rat,
davon zu essen. Und ich selber labe
mich gern daran, denn er ist in der Tat
die Speise, die uns Engel überlassen.
Als ich sodann zu meiner Hochzeit schritt,
da konnte kaum mein Herz die Freude fassen,
und Honig samt der Wabe nahm ich mit.

Seneca ab.

Szene 5 – Salomon im Hotelzimmer. Im Saal riecht es
nach Weihrauch mit Myrrhe.

Salomon:
Ja, Schulammít, so hieß die schwarze Braut,
um die ich voller Liebesglut geworben,
wie wenn man in die helle Sonne schaut,
und Schulammít war völlig unverdorben,
die Königin nebst siebzig andren Frauen,
die Taube, meine Liebste ohne Fehl.
Ich ließ mich voller Herzensfreude trauen
und machte aus der Liebe auch kein Hehl.
Wie Schafe auf der Weide ihre Zähne,

unter dem Schleier ihr gelocktes Haar.
Sie, die Gazelle, war die wahrlich Schöne
und wir ein glückliches und trautes Paar.
Ich zeigte ihr die Füchse vor dem Weinstock
und all die Äpfel auf dem Apfelbaum.
Ich sprang auf Hügel wie ein junger Hainbock
und hielt die Sehnsucht gar nicht mehr im Zaum.
Sie war für mich das Wasser in der Wüste,
ich war für sie ein Myrrhebündel gar,
als ich sie endlich auf dem Weinberg küsste,
da schmeckte dieser Kuss so wunderbar
nach Äpfeln und nach Wein aus unserem Garten,
ich gab ihr meine Liebe, gab mich ganz.
Die Untertanen konnten nicht erwarten,
nun Schulammít zu betrachten, wie den Tanz
in Doppelreihen, der uns nie betrübt.
Die edle Tochter, welche Anmut lag
in ihrem Schritt, sie war vom Volk geliebt,
nicht nur an unserem frohen Hochzeitstag.
Bewundernd schauten aller Menschen Augen
auf die Gazelle aus dem Libanon.
Doch wieviel würde eine Liebe taugen,
wenn nicht der Wunsch entstünde nach dem Sohn?
Mit Kindern war ich überreich gesegnet,
ich zeugte wahrlich einen ganzen Stamm.
Die Schönste aber, die mir je begegnet,
war Schulammít, die in den Harem kam.
Die Mägde mussten sie mit Äpfeln stärken,
sie gaben Wein von auserlesenen Trauben.
Denn Schulammít war treu in ihren Werken
und wollte fest an meine Liebe glauben.
So viele Frauen auch mein Harem fasste,
es waren siebenhundert an der Zahl,
ein Friedenswerk, so groß, wie es mir passte,
doch Schulammít war einzig meine Wahl.
Ich war für sie der Apfelbaum im Walde,
so süß und reif und im Geschmack so lieblich.

Ich führte sie in den Palast, und balde
erhoffte ich mir Kinder, klein und niedlich.
Sie schenkte mir den Weingarten, den sie liebte,
und dieser brachte tausendmal die Frucht.
Das Licht der Liebe, das sich niemals trübte,
das fand ich, weil mich Schulammít gesucht.
Und doch fand meine Seele nicht die Frau,
die das Geheimnis meines Inneren teilte.
Doch schätze ich ihr Werk und weiß genau,
dass sie aus Liebe ja bei mir verweilte.
Der Mann beschützt die Frau und zeigt die Kraft,
die stets in seinen starken Armen fließt.
Er sieht, dass er die schwere Arbeit schafft
und seine Liebste ihm die Zeit versüßt.
Den Mann jedoch erwählt er sich zum Freund,
der in die Tiefen seiner Seele sieht.
Er bleibt für alle Zeit mit ihm vereint
im Leid, doch auch, wenn ihm das Glück erblüht.

AKT III

Szene 1 – Hermes Trismegistos auf der Spanischen Treppe. Salomon und Marcus Aurelius sitzen vorne, Hermes dahinter.

Hermes Trismegistos:
So wie das Untere ist auch das Oben
zu wirken alle Wunder dieser Welt.
Das eine mit dem andern stets verwoben,
es ist das Oben, was das Unten hält.
Aus einem stammt ein jedes Ding auf Erden
und alles ging aus einem nur hervor.
So sah der Kosmos, dass die Menschen werden
und öffnete des Himmels weites Tor.
Sein Vater ist die Sonne, und der Mond
ist seine Mutter, doch es wirkt hienieden.
Der Gott, der über diesem Kosmos wohnt,
hat seines Werks Vollendung ihm beschieden.
Des Kraft durchdringt das Feste und das Feine
und schuf die Erde nach des Ganzen Bild.
Darum schrieb ich auf diesem Edelsteine
das Werk der Sonne, das sich längst erfüllt.

Hermes zündet ein Streichholz an und wartet, bis es ausgeht.

Salomon:
Nichts Neues gibt es unter dieser Sonne,
denn alles, was neu scheint, war längst schon da.
In jenem Zwischenreich, in dem ich wohne,
sind Zukunft und Vergangenheit ganz nah
beisammen, nur von einem Wort getrennt.
Was immer die Geschichte lang begraben,
was nicht ein Mensch von all dem Alten kennt,
die Dinge, die sich einstmals hier begaben,
erfährt der Mensch stets neu in ihrer Wandlung,
glaubt er auch, dies sei lange überwunden,
so findet er darauf dieselbe Handlung.
Für Gott sind eine Ewigkeit nur Stunden

und nichts verlischt, was jemals neugeboren.
Gerechte, die den Lohn gar nie erhielten,
und Ungerechte, die das Glück verloren,
auch Toren, die mit klugen Sprüchen spielten.
Denn alles bleibt im Kosmos stets erhalten
und nicht ein Funke, der darin erlischt.
Doch du, mein Hermes, meinst Naturgewalten,
die Kraft des Feuers und des Meeres Gischt.
Wohlan, …

Hermes Trismegistos:
… du hast die Weisheit dir bewahrt.
Das Feuer wirkt die Wunder aller Dinge,
es lässt sich zähmen und erscheint ganz zart,
doch dann macht es gewissermaßen Sprünge
und schafft die Erde voller Meisterschaft.
Es sieht dazu, dass oben Feuer brennt
und wandelt sich in Erde, Geisterkraft,
die man als Djinns der Elemente kennt.
Ein Gott …

Salmon:
… erschuf den Himmel und die Erde
und die Planeten, Sterne und die Sonnen.
Der Mensch beherrscht die Tiere, ihre Herde
und darf in Freiheit hier im Diesseits wohnen.
Dies ist sein Reich. Er hält die Königswürde
und Recht und Ordnung fest in seiner Hand.
Die Macht jedoch ist für ihn keine Bürde,
die Gott ihm von Beginn weg zuerkannt.
Der Mensch erlernte bald zu unterscheiden,
was Gut und Böse, Könige regierten
in seinem Namen, niemand musste leiden,
weil sie das Volk wie eine Herde führten.
Der König liebt vor allen andren Dingen
die Weisheit, die Gespielin seines Gottes.
Die Einfachen im Geiste dürfen singen,
der Spötter stirbt als Folge seines Spottes.

Wer Zucht liebt, kann Verständnis sich erwerben,
wer die Thora bewahrt, des Vaters Lehre
wird einstmals dessen reiche Schätze erben.
Denn Gott ist gut. Und ihm sei Lob und Ehre.
Die Gottheit ...

Hermes Trismegistos:
... schuf den Kosmos als sein Werk.
Er hüllt ihn ein und er durchdringt ihn ganz.
Vom tiefsten Tal bis hin zum höchsten Berg,
vom Menschen zu den Sternen, deren Tanz,
es ist im ganzen Kosmos Geist zu finden,
das All ist geistig, alles lebt und fließt.
Die höchste Gottheit darin zu ergründen
ist wie ein Fluss, aus dem sie sich ergießt.
Es gibt kein Schwingen, gibt kein Innehalten
und Schauen ohne Rhythmus, ohne Kraft.
So finden wir in vielerlei Gestalten
die Gottheit, die die erste Ordnung schafft.
Der Kosmos aber, der den Menschen zeugte,
ist selbst der Gottheit eingeborener Sohn.
Ich selbst, der ich mich vor ihm stets verbeugte,
erhielt im Tode meines Werkes Lohn.
Die Nacht gebiert den Tag, das Wasser Luft,
die Erde Feuer, das nach oben strebt.
Wenn einer nach der Gottheit wahrlich ruft,
die aller Menschen Schicksal sorgsam webt,
entdeckt er wohl in sich den kleinen Spiegel,
in dem sich alles Große wiederfindet.
Die Gottheit schenkt ihm goldgewirkte Flügel,
mit denen er die nächste Welt ergründet.
Hier unten ist die Feuchte, die verkehrte,
dort drüben aber ist ein helles Licht.
Wer auf den Daimon tief im Herzen hörte,
besteht vor Gott im kommenden Gericht.
Im Tode gehen wir zu Licht und Leben,
der Geist wird einst zu Licht an seiner Stelle.
Der Mensch soll sich dem Höchsten ganz ergeben,

so kommt er auch im Tod nicht in die Hölle.
Dort nämlich treiben Geister einen Sünder
durch Feuer aller Art, und jener sucht.
Er muss das Böse tun, und wie ein Blinder
strebt er zum Licht, doch er ist lang verflucht.
Aus diesen Kreisen gibt es kein Entrinnen,
denn jeder Schritt ist nur ein Schritt zurück.
Er ist ...

Marcus Aurelius:
... verflucht von grausamen Erinnyen,
die herrschen über aller Menschen Glück.
Wie wahr, ...

Hermes Trismegistos:
... das Schicksal ist vorherbestimmt
und ist nicht in des Menschen Hand gegeben.
Wenn auch der Funke in den Herzen glimmt,
so darf ein Mensch sich nicht zu hoch erheben.
Des Menschen Leben liegt in Gottes Hand,
doch muss er sich auch eifrig darum mühen.
Von jener Welt trennt ihn die Feuerwand,
zu der die Seelen nach dem Tode ziehen.

Hermes Trismegistos ab.

Szene 2 – Marcus Aurelius und Salomon im El Greco.
Marcus Aurelius bestellt einen kleinen Mocca,
Salomon ein Acqua minerale. Salomon zündet sich
eine Zigarette an.

Salomon:
Was Hermes Trismegistos uns erzählt,
galt in Ägypten einst als Weisheitslehre.
Wenn die Idee mir wahrlich gut gefällt,
entbehrt sie doch nicht der gewissen Schwere,
die einen Geist an seinen Körper bindet.
Die Seele will sich stets nach oben heben
und fällt, weil sie ihr Element nicht findet.
So bleibt sie am behäbigen Körper kleben.

Sie ist ganz schwach. Sie will die Gottheit preisen.
Doch erst im Tode darf sie frei entschweben
und um die Tausend strahlenden Sonnen kreisen.
Hier unten aber kann sie sich nicht heben.
Sie strebt danach, dass sie geläutert werde,
doch jene Feuchte, von der Hermes spricht,
das nasse Element, die kühle Erde,
verbirgt der nächsten Welt so gleißendes Licht,
Auch mir jedoch gefällt das Diesseits gut
und wünschte ich, ich wäre noch ein König.
In mir wohnt eine heiße Liebesglut,
ach, Schulammít, wie bin ich doch ein wenig
enttäuscht, nicht ihre zarte Hand zu fühlen,
nicht Henna, Safran, Zimt und Myrrheduft
zu riechen, mit der Königin zu spielen
am Weinberg, in der frischen Frühlingsluft.
Sie war die Schönste, die ich jemals fand,
kein Mann war jemals glücklicher auf Erden
als ich mit ihr in dem gelobten Land,
in dem die Kindeskinder wohnen werden.
Wie lange währt wohl unser seltenes Glück,
in Rom, der Stadt der Ewigen zu weilen,
und wann ruft uns die Gottheit streng zurück?
Die Stunden, die Minuten, sie enteilen!
Der Tod …

Marcus Aurelius:
… kann wahrlich uns kein Leid mehr tun.
Wir wussten, als wir dieser Erde nahten,
dass diese feuchte Welt im Hier und Nun
ein Augenblick nur ist, den wir erbaten.
Doch ist ein Mensch, der sterben muss, erbärmlich,
wenn er noch um die nächste Stunde fleht.
Die Seele dieses Menschen ist ja ärmlich,
für wenig Zeit ein jämmerliches Gebet.
Es hat doch für die Menschen kein Gewicht,
ob sie der Tod in ihrer Reife findet,
ob sie als Greise sterben. Es zählt nicht

die Stunde, die die Gottheit uns verkündet.
Nur dumme Menschen wollen ewig leben
und selbst Minuten noch dem Tod entringen.
Ein Weiser wird sich darin dankbar geben,
will seine Seele sich im Licht verjüngen.
Die Welt gebiert sich stets das immer gleiche
und wandelt sich, doch bleibt sich selber treu.
Dort drüben in der Seele weitem Reiche
erschafft die Gottheit unser Leben neu.
Den Tag …

Salomon:
… kennt keiner, wenn die Stunde naht,
zu der die Seele aus dem Körper gleitet.
Darum ersann ich auch den weisen Rat
als König, der zu seinem Amte schreitet,
die Lehre zu bewahren, schon dem Knaben
zu sagen, dass die Gottheit ihn beschützt
auf seinem Weg, denn jene ist erhaben.
Sodass ihm die Erziehung wirklich nützt.
Und kommen dann die Tage, die beschwerlich
und die ihm nicht gefallen, voller Plagen,
so weiß er doch, die Gottheit ist so herrlich
und hält ihn fest in allen seinen Klagen.
So haben wir die Stunden nur geliehen,
in dieser Welt. Die nächste steht uns offen.
Die Gottheit hat uns unsere Schuld verziehen,
wir dürfen glauben, lieben und auch hoffen.
Die Welt …

Marcus Aurelius:
… ist nur Materie, die vergeht.
Sobald wir in die jenseitige Sphäre
zurückkehren, die ja allzeit besteht,
dann sei dem Höchsten Lob und alle Ehre.
Die Ethik ist allein der wahre Sinn
des Lebens eines Menschen in der Zeit,
die Stille und Betrachtung ein Gewinn,

wenn sich die Seele an der Gottheit freut.
Wenn dann ein Mensch nicht mehr auf Reisen geht,
weil er den Weg zur Innenwelt gefunden
und dort die Kraft schöpft, weil er ja versteht,
dass er mit Gott in der Seele tief verbunden,
so findet er die Zuflucht in der Stille,
wenn auch die Menschen rings um ihn nur lärmen.
Denn hier ist Gott. Und dies ist Gottes Wille.
Die Erde kann ihn nimmermehr verhärmen.

Szene 3 – Seneca kommt ins El Greco, mit
Sonnenbrillen und einem Hut. Er setzt sich zu
Salomon und Marcus Aurelius und bestellt einen
großen Mocca. Marcus Aurelius zündet sich eine
Zigarre an.

Seneca:
Ich sah, wie diese jungen Römer leiden.
Sie zweifeln ja nicht mehr an dieser Welt.
Ich sah, wie sie die anderen beneiden
und sich dabei in ihrer Angst verstellt.
Sie haben ja nicht mehr die gute Schule,
die lehrt, die Schmerzen dieser Welt zu tragen.
Selbst ein Professor auf dem hohen Stuhle,
er hört nicht mehr auf ein enttäuschtes Fragen.
Wie weise die Stoa die Schüler lehrte,
das Glück und Unglück dieser Welt zu tragen,
dass nicht der Schmerz die junge Brust beschwerte,
damit die werdenden Römer nicht verzagen.
Ich halte in mir meine Seele knapp
und lasse sie nicht freudig überlaufen.
Das Leben geht bergauf und dann bergab,
doch wird mein Herz sich niemals drin zerraufen.
Denn wenn ich mich des großen Glücks enthalte
und selbst die Liebe nicht zum Maßstab nehme,
bin ich es, der ich mein Geschick verwalte,
weil ich die Grausamkeit Fortunas beschäme.

Wenn diese, was sie einstmals gab, entreißt,
so lächle ich, denn dies war niemals mein.
Wenn dies ein bitterliches Unglück heißt,
so kann es nur ein menschlicher Irrtum sein.
Des Schicksals Gaben sind niemals verbindlich,
Vertrauen ist hier niemals meine Wahl.
Fortunas Wege sind ja unergründlich
und ihre Sklaven Namen ohne Zahl.
Ich koste selbst vom höchsten Augenblick
nicht einmal einen Tropfen, denn ich meine,
hält sich ein Mensch beim Festmahl streng zurück,
dann ist er in der Seele nicht alleine.
Ein Gott vergilt Enthaltsamkeit dem Manne
und seine edle Wohltat tausendfach.
Ich wählte Zeus in seinem Zauberbanne
und war in seinen Augen selten schwach.
Denn wo ein Mensch ist, ist für Gutes Raum,
die gute Tat kehrt zu mir selbst zurück.
Sie gibt der Seele, wie ein Apfelbaum,
beständig Früchte, reif ist Stück für Stück.
Der Mensch …

Marcus Aurelius:
… soll wie ein Weinstock Früchte tragen
und nicht nur eine Traube wachsen lassen.
Er soll nicht nach dem Lohn des Guten fragen,
denn diesen wird die Seele reichlich fassen.
Er soll beständig und in einem fort
des Guten Früchte zu den Menschen bringen.
Nicht eine Frucht, die gleich am Stamm verdorrt,
an dem vertrocknet ein paar Beeren hingen.
Das Gute soll für das Zusammenleben
der Menschen weiter seine Früchte tragen.
So wird auch Gott dem Menschen einst vergeben
und böse Geister aus dem Herzen jagen.
Der Mensch soll nicht geflissentlich erzählen,
was er an Gutem denn bereits getan.
Er soll den Weg, den Gott ihm vorgibt, wählen

und trotz den Mühen festhalten daran.
Wer voller Stolz ererbte Schlösser ausmisst
und fragt, wie wird der andre ihm vergelten,
und dabei völlig übers Ziel hinausschießt,
den mag die Gottheit dafür spürbar schelten.
Das Gute wird getan, es wächst stets nach
und fließt aus sich heraus in einem Gusse.
Der Ungerechten Äcker liegen brach,
vertrocknet ist das Wasser selbst im Flusse.
Doch soll man nicht nach andren Menschen sehen,
wenn man den Lebenszweck für sich erfüllt.
Der eigene Platz, an dem wir jeweils stehen,
ist jener, an dem wir den Sieg erzielt.
Was kümmert den Smaragd die grüne Farbe,
er sieht sie nicht und bringt sie doch hervor.
Der Weizen steht in Blüte mit der Garbe,
die Bauern bringen ihn schon vor das Tor.
So wie in der Natur das Gute wirkt
und ewiglich erneut die Menschen nährt,
so ist es auch, wenn sich ein Gott entbirgt:
Dann ist er einer Seele zugekehrt.
Die Gottheit …

Seneca:
… kennt des Menschen Freud und Schmerz
und bleibt ihm treu, so lange er sie sucht.
Tief in dem leidgeprüften Menschenherz
wird stets nur die Gelassenheit verbucht.
Es ist mir eins, was mir die Menschen nehmen
auf dieser Welt, wenn es Materie ist.
Ich will nur meine Triebe richtig zähmen
und wissen, wer in meinem Herzen liest.
Der Dienst an Gott ist mir an jener Stelle,
an die er mich gestellt, die erste Pflicht.
Wenn ich vor allen anderen ihn erwähle,
bedrückt mich diese trübe Erde nicht.
Und selbst wenn ich des Brots am Schluss entbehre,
so ruft er: Geh! Und ich, ich gehe fort.

Wenn ich mich diesseits nimmermehr ernähre,
so führt er mich an einen fremden Ort.
In diesem Wissen, dass Gott allezeit
für mich den Weg bestimmt, den er mir zeigt,
bin ich zu jeder Stunde auch bereit,
dass sich mein Haupt zum letzten Schlummer neigt.
Er hält mich fest …

Marcus Aurelius:
…ja, wie ein Fels, so fest.
Ich stehe ganz auf seinem sicheren Grunde.
Er ist der Eine, der mich hoffen lässt,
und er gewährt mir Treue und Halt im Bunde.

Szene 4 – Hermes Trismegistos geht über die Piazza
di Spagna und setzt sich wieder auf die Stiege. Er
zündet ein Streichholz an. Salomon kommt und bleibt
daneben stehen. Er hört ihm zu.

Hermes Trismegistos:
Vater und Mutter Gott schuf denkend das All,
er schuf das weite All kraft seiner Gedanken.
Er schuf den Kosmos mit dem lauten Schall,
sein Werk währt ewig und wird niemals wanken.
Und alles schwingt, selbst Sterne und Planeten,
von dort klingt die Musik zu seinen Ohren.
Die Dinge dieser Welt sind wie Magneten
und doch erhitzen sie nur üble Toren.
Es steht nichts still, denn in sich schwingt das Ganze
im gleichen Rhythmus, rechts und links hinaus.
Es ist, wie wenn ich durch das Leben tanze,
doch in der nächsten Welt steht schon mein Haus.
Man kann den Rhythmus schließlich kompensieren,
wenn man der Schwingung Kraft entgegenhält.
Die ehernen Gesetze zu studieren,
ist wohl ein großes Werk in dieser Welt.
Der Kosmos denkt, in allem wohnt der Geist
des Höchsten, in dem großen All-eins-Sein,
der uns ein Leben nach dem Tod verheißt.

Vater und Mutter Gott, er ist einer in zwein.
Er schafft durch Denken und gebiert die Welt
und bringt Befreiung uns von allem Leiden.
Gott ist es, der uns in den Händen hält.
Der Mensch auf Erden darf sich frei entscheiden:
Die Tugend leitet weise unsren Pfad
und führt uns zu dem Ewigen hinan.
Wir ziehen seine Vorsehung zu Rat
und wollen andern Gutes tun.

Salomon:
Wohlan!
Sein Geist wird offenbar in seinen Werken,
er liebt die Menschen, lässt sie fruchtbar sein.
Wir müssen wohl auf unsre Schritte merken,
doch bleibt er bei uns mit dem hellen Schein.
Er will die Menschen nimmermehr verderben
und nie mehr senden eine große Flut.
Wir können wohl im Gottvertrauen sterben,
denn in der nächsten Welt wird alles gut.
Die Weisheit schenkt ein gutes Erdenleben
und mehrt die Zahl der Jahre, die verfließen;
Gott selbst, vor dem sogar die Engel beben,
will uns mit aller Blütenpracht begrüßen.
Wir beten und wir lesen die Thora
und bitten Gott, uns unsere Schuld zu vergeben.
Dann ist er mitten unter uns, ganz nah
und lässt uns auf der Erde überleben.

AKT IV

Szene 1 – Marcus Aurelius liegt auf den Mauern der Villa Borghese und blinzelt in die Sonne. Salomon sitzt daneben.

Marcus Aurelius:
Das Alte stirbt und Junges wird geboren,
der Kosmos bringt die Vielfalt neu hervor.
Kein Element des Ganzen geht verloren
in dieser Wandlung. Denn ein Gott erkor
den Menschen zu der Schöpfung höchster Krone
und steht ihm bei, damit das Werk gelingt.
Der Mensch erhält zu seiner Mühen Lohne
nebst Brot auch Wein, den er des Abends trinkt.
Und dies …

Salomon:
… ist nicht die leere Eitelkeit,
es ist das Tagwerk, das vor Gott gestellt,
damit des Hirten Herde wohl gedeiht,
der Regen auf Getreidefelder fällt.
Zum Lohn erhält der Mensch dann seine Speise
und darf nach seiner schweren Arbeit rasten.
So dreht des Menschen Leben sich im Kreise.
Es bleibt ihm Speis und Trank. Er muss nicht fasten.
Wer aber sagt, ein Löwe sei in den Gassen,
darum verlässt er seine Bettstatt nicht,
wer dazu neigt, den Vorrat zu verprassen,
der weiß, dass bald die Armut zu ihm kriecht.
Sie nimmt dem Faulen wertvolles Geschmeide,
und auch der Prasser wird sie nicht mehr los.
Wo ist der große Vorrat an Getreide?
Es ist nichts da, ein Mäuschen sitzt da bloß.
Der Faule will gern in die Hände klatschen
und schlafen, nur ein wenig Rast und Ruh.
Dann nur ein wenig mit den Frauen tratschen
statt harter Arbeit, und ein Gott schaut zu.
Dann aber wird er in Verzweiflung darben

und betteln um ein karges Stückchen Brot.
Wo wuchsen denn der großen Mühe Garben
von Weizen, wenn er schlief beim Morgenrot?
Ja, ganz zu Recht bestraft ein Gott die Faulen
und lässt die Frevler schließlich untergehen.
Der Bauer freut sich wohl an seinen Gaulen,
an Rindern, die auf fetten Weiden stehen,
am Esel, der die schweren Lasten trägt.
Schon früh zieht er aufs Feld, um Saat zu streuen,
die Tiere sind gewaschen und gepflegt.
Ein solches Werk …

Marcus Aurelius:
… wird stetig sich erneuen.
Doch aller irdischen Schönheit hehrer Glanz
muss endlich wieder Staub und Asche werden.
Die Dinge glänzen und erscheinen ganz
vollkommen, die uns täuschen hier auf Erden.
Was heute aufblüht, ist der Staub von morgen,
der schöne Jüngling bald ein alter Greis.
Die Menschen mit den ungezählten Sorgen
sind bald vergessen, bis nicht einer weiß,
welch Schmerz und Leid sie hier auf Erden trugen,
mit welcher Mühe sie ihr Brot verdienten.
Der Kosmos selbst gerät nicht aus den Fugen,
deckt in Vergessen, was die Alten sühnten.
Die Schönheit dieser Welt vergeht so schnell,
die Menschen leben nur im Augenblick.
Die Sonne aber brennt so strahlend hell
und sieht auf alles Leid und alles Glück.
Es ist …

Salomon:
… das Leben eitel unter der Sonne.
Soviel an Schönheit, die verblassen muss.
Die Menschen lachen voller Glück und Wonne,
dann weinen sie, …

Marcus Aurelius:

... denn alles ist im Fluss.
Ja, cuncta fluunt, wie die Alten lehren,
und nichts steht still in diesem großen All.
Erst kann man eine leise Quelle hören,
doch dann ergießt sich bald ein Wasserfall.
Auch die Planeten, auch die Sterne schwingen,
und selbst der Mensch ist ständig in Bewegung.
Die Geister aber, die das All durchdringen,
erwecken in dem Menschen eine Regung.
Dann fühlt er auch sein Herz im Busen pochen
und spürt den Quell, der aus der Gottheit fließt.
Die Geister kommen in der Nacht gekrochen,
doch auch die Gottheit, die nach oben schießt.
Der Gott der Träume brachte mir die Heilung
vom Schwindel, der mich lange Jahre quälte.
Der Mensch ...

Salomon:

... bemüht sich um die redliche Verteilung
des Reichtums, wie mein Vater mir erzählte.
Wie waren die Ägypter reich an Nahrung,
als einst ein Traum den Pharao bedrückte.
Die Not erforderte die Aufbewahrung
des Weizens von den Feldern. Und dies glückte
dem Josef, der die rechte Deutung fand:
Die fetten Kühe, sieben an der Zahl,
entstiegen aus dem Fluss im grünen Land.
Dann folgten magere, die auf einmal
die schönen fetten Kühe schnell verschlangen
im Traum, sie waren rätselhaft und dürr.
Der Pharao, von großer Angst gefangen,
vertrieb die Seher, Stimmen im Gewirr.
Und da begab sich, dass er Josef rief,
den Träumer. Jener überlegte kaum
und schuf dort, wo der blaue Nil verlief
für die Getreidespeicher einen Raum.
Getreide blühte ja im Überfluss.

Als endlich jene Hungersnot gekommen,
da gab es einen reichen Überschuss
an Brot, das ihm die Armen abgenommen.
So sorgte er in sieben kargen Jahren
für Essen in der Zeit der Hungersnot.
Der Pharao, der solcherart erfahren,
man sammle fleißig in der Zeit das Brot,
gab Josef hohe Ehren. Denn es kommt
ein Gott zu seinem Volke, er geht mit
und zeigt dem Menschen, was ihm wahrlich frommt,
die Gottheit führt ihn weise Schritt für Schritt.

Szene 2 – Marcus Aurelius und Salomon im El Greco.
Marcus Aurelius raucht eine Zigarre, Salomon eine
Zigarette. Hermes Trismegistos sitzt am Nebentisch.
Er trinkt Acqua minerale.

Hermes Trismegistos:
Seid mir willkommen, meine edlen Herren,
wir kennen uns ja seit geraumer Zeit
in jenen unergründlich weiten Sphären,
an denen Sterbliche sich nie erfreut.
Ich lege allerhöchstes Augenmerk
auf diese Welt, der Menschen hartes Leben,
ist doch dies alles nur der Sonne Werk,
die Fruchtbarkeit und Wachstum uns gegeben.
Vater und Mutter Gott schafft durch sein Denken
die Vielfalt aller Wesen, die beseelt
auf Erden wohnen, und die Menschen lenken
ihr eigenes Geschick, das sie gewählt.
Das Gute ist bei Gott und Gott das Gute,
denn alles, was Materie ist, ist schlecht.
So sieht ein weiser Mann mit rechtem Mute,
die Gottheit ist allwissend und gerecht.
Die Augen können nicht die Wahrheit sehen,
sie sind ja stofflich und daher fast blind.
Doch lässt die Seele sich so gern erhöhen
und sieht das Unsichtbare, wie der Wind.

44

Wer nicht zuerst den eigenen Körper hasst,
niemals lernt er, das eigene Selbst zu lieben.
Die Erde bietet eine kurze Rast
auf jener Reise in die Welt von drüben.
In Wahrheit sieht die Seele eines Weisen
das Gute, das an sich unsterblich ist.
Er geht im Tode frohgemut auf Reisen,
indem er diese Schattenwelt vergisst.
Ein Gott dringt in den Geist des Menschen ein,
ein Hauch von Göttlichkeit umschwebt ihn ganz,
die Welt ist nur ein matter Widerschein
der wahren Sonne voll erhabenem Glanz.
Denn eine Täuschung ist das Erdenleben,
es wandelt sich in vielerlei Gestalt
und kann sich nicht zum höchsten Sein erheben,
es findet nicht den unverrückten Halt.
Dort aber wird der Geist die Heimat finden,
die ihm die Erde nie und nimmer bietet,
er wird sich mit dem wahren Gott verbünden,
der drüben sein Geheimnis rechtens hütet.
Der Mensch …

Seneca:
… ist oft ein Sklave der Begierden,
die ihn ganz fest in ihrem Banne halten
und die entfernen von der Tugend Zierden,
denn jene sind fürwahr Naturgewalten.
Der Weise wird den Trieb zuerst zerschlagen,
der nur der Fortpflanzung auf Erden dient.
Danach wird er Begierden leicht entsagen,
wenn er den schwersten Kampf mit sich gewinnt.
In Wahrheit sind die anderen Begierden
dem Triebe unterworfen, der sie leitet.
Nimmt dann ein Mensch die schwierigste der Hürden,
bleibt die Gelassenheit, die ihn begleitet.
Die Seelenruhe, die ein Mensch ersehnt,
gibt Kraft, in Gut und Schlecht zu unterscheiden.
Wer sich jedoch der Güter sicher wähnt,

der wird die Toten um das Grab beneiden,
wenn ihm Fortuna all sein Glück entreißt.
Der Mensch ist sterblich, wie die Alten lehren,
obwohl uns Zeus ein Wiedersehen verheißt.
Und diese Welt soll dem Geschick gehören.
Doch gibt es noch ein zweites, das uns plagt,
es ist die Angst, hier müssen wir zerschlagen
die Angst vorm Tod, die uns so lang gejagt,
dann können wir auch alles andre tragen.
So sind es diese zwei, auf die ich merke,
die Lust des Körpers und die Angst vorm Tod,
durch diesen Sieg erlangt der Mensch die Stärke,
die ruhige Seele für den Dienst an Gott.
Das Glück der Welt ...

Salomon:
... ist unstet und gar flüchtig.
Die Weisheit gibt uns in die Hand die Zügel,
so leben wir mit Vorsicht und auch züchtig.
Die Innenwelt ...

Hermes Trismegistos:
... ist wahrlich nur ein Spiegel
des Kosmos, der in sich die Ordnung findet.
Er ist in die Äonen eingebettet;
die körperliche Welt darin begründet.
Der Geist, an seinen Körper angekettet,
wird sich in seinem Innersten erst klar,
dass er verwandelt einst nach oben steigt,
die Gottheit ganz allein ist gut und wahr,
die ihm die nächste Welt schon vorher zeigt.
Er ist getrennt durch eine Feuerwand
vom Sein, das nicht der Körper mehr beschwert.
Es bindet ihn ein unsichtbares Band
an jene Welt, die ihm im Hier verwehrt.
Nichts stirbt, denn es wird alles gut behandelt,
die Feuchte kehrt zur Feuchte einst zurück.
Der Mensch, der kurze Zeit auf Erden wandelt, ...

Marcus Aurelius:
… verlässt die Welt im nächsten Augenblick.
Ob er in dreißig oder hundert Jahren
die Welt gesehen, ist doch einerlei.
Er soll den Zweck der Ethik stets bewahren,
dann ist er innerlich in Wahrheit frei.
Denn nichts kann diesen Menschen ernsthaft zwingen,
kein anderer den rechten Weg behindern.
Wenn Menschen an den Quell der Gottheit dringen,
dann wird sie jedes Leid auf Erden lindern.
Denn nichts erschüttert jenes Gottvertrauen,
mit dem die Weisen einst ihr Schicksal trugen.
Man kann im Herzen einen Tempel bauen
und ihn mit der Gelassenheit verfugen,
dann dringt kein Feind in diese Festung ein.
Der Mensch hört auf den Daimon seiner Seele,
der bei ihm wohnt. Er ist nicht mehr allein.
Er sieht das ferne Licht aus einer Höhle,
doch dann erlebt er Gott in seiner Größe,
die jeden Menschen, alles Sein durchdringt.
Wenn ich mich von den irdischen Fesseln löse,
dann gibt es keinen, der die Seele zwingt.
Kein Mensch behindert den gerechten Mann
auf seinem Weg zu Gott im wahren Glauben.
Er fasst den Halt und hält sich fest daran.
Wer kann die Ruhe seiner Seele rauben?
In jedem Augenblick ist er bereit,
den Gasthof hier auf Erden zu verlassen.
Vielleicht sind die Atome nur zerstreut
und nicht in eines Gottes Hand zu fassen?
So würde ich mir wünschen, Staub zu werden,
wenn doch der Zufall all die Wesen schuf,
die leben und gedeihen hier auf Erden,
so stürbe ich, ganz ohne Gottes Ruf.
Doch wahrlich ist die Schöpfung Gottes Werk
und stehe ich auf seinem festen Grund.
Und darum richte ich mein Augenmerk

auf seinen Dienst, denn noch bin ich gesund.
Noch kann ich auf die innere Stimme hören,
die mir gebietet, Gutes zu vollbringen.
Darin will sie uns prüfen und belehren,
damit wir bis in jene Lichtwelt dringen.

Szene 3 – Es regnet. Es ist kalt. Salomon und Seneca
sitzen in einer Pizzeria. Salomon isst eine Pizza al
funghi, Seneca isst Salamipizza.

Seneca:
Es ist in Rom schon wirklich kalt geworden,
der Regen fällt, das Jahr geht bald vorbei.
Der Wind bläst eisig kalt vom hohen Norden.
Und manches schlägt ein greller Blitz entzwei.
Wir müssen diese Erde bald verlassen
und diesen Körper noch einmal verlieren,
die Gottheit ist für Menschen nicht zu fassen,
sie wird uns sicher in das Jenseits führen.
Es gibt die Zeit ...

Salomon:
... des Lebens und des Sterbens,
die Zeit, die Kieselsteine aufzusammeln,
die Zeit des Blühens, jene des Verderbens,
die Zeit, zu schweigen, um nicht gar zu stammeln,
die Zeit des Steinewerfens, des Vergebens,
die Zeit des Hassens und die Zeit des Liebens,
die kurze Zeit des harten Erdenlebens,
die Zeit des Wartens, in Geduld sich Übens.
Es gibt die Zeit, ein Königreich zu bauen,
die Zeit, das Stadttor mächtig einzurennen.
Es gibt die Zeit, zur Gottheit aufzuschauen,
die Zeit, sich von der Liebsten selbst zu trennen,
die Zeit, die edlen Perlen aufzureihen,
die Zeit, sie in das Meer zurückzuwerfen,
die Zeit zu strafen oder zu verzeihen,
die Zeit, das Urteil vor dem Herrn zu schärfen.
Es gibt die Zeit, da ist der Tod Erlösung

von all den Qualen eines Erdenlebens.
Die Schrift verkündet uns ja die Verheißung,
wir finden dort das Ziel des menschlichen Strebens.
Die Zeit vergeht so schnell, die Stunden zerrinnen,
dann finden wir die Gottheit auch im Tod.
Die Frevler finden Strafe, müssen sühnen,
die Armen finden ihrer Sehnsucht Brot.
Gerechte dürfen dort dem Höchsten dienen,
in jenem Reich, in dem die Geister schweben,
sie werden von dem göttlichen Licht beschienen
und dürfen glücklich und zufrieden leben.
Selbst noch im Tod geborgen ist der Mann,
der den gerechten Pfad noch nie verlassen;
wenn auch die Lebenszeit ihm bald verrann,
so darf er doch die Gottheit einst erfassen.
So ist auch uns die strenge Frist gesetzt,
den Körper zu verlassen. In ihm wohnen
die Geister, die die Weisheit stets geschätzt
und die bald kreisen um die Tausend Sonnen.
Wie bald …

Seneca:
… sind wir den Unsrigen vereint,
die in der nächsten Welt uns still erwarten.
Dort finden wir den treuen Herzensfreund,
wir treten ein in Edens neuen Garten.
Wie bald vergeht auf Erden doch das Glück,
ist nur ein Hauch, der im Moment entschwebt,
so kehren wir zur Ewigkeit zurück,
in der die Gottheit unsere Zukunft webt.
Wir finden all die Menschen, die wir liebten,
und finden Heimat in den Geisterreichen,
weil wir uns wohl in der Betrachtung übten,
die wahren Werte freundlich zu vergleichen.
Die Geistersphären sind unendlich weit
und mit der Seele einfach zu durchwandern,
und auch für uns kommt schon recht bald die Zeit,
uns zu vermischen mit den vielen andern.

Wenn man in Gleichmut auf der Erde wandelt,
so kann man jedes Unglück leicht verschmerzen.
Es ist die Weisheit, …

Salomon:
… die vom Leben handelt,
man schreibe auf die Tafel tief im Herzen
die Liebe, Treue zu den Menschenwesen,
die erste Gabe, die ein Gott uns schenkt.
Die Liebe ist ja Tugend und erlesen.
Man binde Einsicht um den Hals, sie drängt
hinan zu Gott, wie kostbar gewirktes Geschmeide,
so fürchten wir nicht mehr das Donnerwetter,
denn Gott beschützt uns ja vor allem Leide.
Ein Gott macht zum Gespött gemeine Spötter.
Verstand und Einsicht tragen wir wie Ketten
aus Gold und Elfenbein um unseren Hals.
So wird uns Gott des Nachts zur Ruhe betten
im süßen Traum. Er hält des Erdenballs
Geschick und all sein Blühen in der Hand.
Denn er setzt uns zu Herrschern auf ihm ein,
so ist ein König im gelobten Land
von Gott gewählt. Der Mensch ist zwar ganz klein
vor einer Sonne, die den Tag erhellt,
wenn er jedoch in Weisheit gütig denkt,
so ist es Gott, der ihn für sich erwählt.
Wenn uns ein anderer sein Vertrauen schenkt,
sei er gewiss, dass man es nicht enttäusche.
Denn Gott bewahrt uns sicher auf dem Weg.
Enthalten wir uns auch der wilden Räusche
und achten auf die Fallen auf dem Steg.
Geben wir nur von starken Rauschgetränken
dem armen Bettler, der beim Stadttor liegt,
so muss er nicht mehr an sein Unglück denken,
wenn seinen Geist der starke Wein betrügt.
Der kluge Mensch bewahre seine Sinne
und achte auf den Pfad, den er betritt.
So schont ihn Gott vor einer späten Sühne

und hält die Hand und geht getreulich mit.
Halte den Fuß von jedem Bösen ab
und weiche denen, die stets Ränke schmieden.
Wenn diese einstmals fliehen bis ins Grab,
so lebst du sicher und beschützt hienieden.
Das Unglück ...

Seneca:

... währt nur einen Augenblick,
das selbst den Weisen plötzlich tief erschüttert,
doch dann erträgt er es so wie das Glück,
und nur der Dumme ist am Schluss verbittert.
Zuerst rauft er sich ebenso die Haare:
Das Haus brennt ab! Das Feuer brennt so hoch!
Doch dann erkennt er, dass das einzig Wahre
die Gleichmut ist, denn was gehört ihm noch?
Es sind doch Dinge nicht sein Eigentum,
so wenig wie die Menschen, die er liebt.
Darin begründet er den größten Ruhm,
dass er erträgt, denn was Fortuna gibt,
das reißt sie fort zu unbekannter Stunde.
Darum erklärt er, gar nichts zu besitzen,
und keine Klage kommt aus seinem Munde.
Es sind die Götter, die die Seele schützen,
an diesen findet er den festen Halt.
Was würde alle Weisheit wahrlich nützen,
zerbräche er an des Geschicks Gewalt?
Das kann man freilich in die Scherben ritzen,
und Kommendes ist nicht vorherzusehen,
so soll man es doch einfach kommen lassen.
Man will, was kommt, so wird man aufrecht stehen
und nichts und niemanden auf Erden hassen.
Denn was die Parzen uns an Leid bescheren,
das sind die Fäden, die sie lang gesponnen,
doch soll es uns im Inneren nicht beschweren,
noch keiner ist dem Schicksal je entronnen.
Verachtung für das Schicksal kennt der Weise,
und diesem wird er niemals unterliegen.

Es störe niemand der Gedanken Kreise,
er möchte seine Seele nicht betrügen.

Szene 4 – Es regnet. Es ist kalt in Rom. Salomon sitzt
in seinem Hotelzimmer und zündet eine Kohle an, auf
der Weihrauch mit Myrrhe brennt. Es duftet im Saal
nach Myrrhe.

Salomon:
Die Weisheit ist die erste aller Gaben,
die mir ein guter Gott ins Herz gesenkt.
Sie war mir mehr als süße Honigwaben,
die mir ein Bienenvolk im Wald geschenkt.
Sie war mir mehr als meines Lebens Jahre,
mehr als Gesundheit, die den Körper stärkt.
Sie war an sich das wahrlich Wunderbare,
mehr als die Liebe, die auf Weisheit merkt.
Sie war bei Gott, als er die Wasser spülte
und hoch im Himmel seine Wolken tränkte,
sie war die Eine, die den Sieg erzielte,
als er sich ganz auf diese Erde senkte.
Sie war bei ihm, als erste Fische schwammen,
bei ihm, als Vögel durch die Lüfte flogen,
er war mit ihr von Anbeginn zusammen,
sie war sein Schatz, als Vögel südwärts zogen,
sie war ihm treu, als seine Rinder grasten
auf fetter Weide, junge Rehlein sprangen.
Er schuf den Schabbat, einen Tag zu rasten,
damit auch wir das Glück durch ihn erlangen.
Die Weisheit war mir teurer als das Gold,
als Perlen oder Silber, Edelsteine,
und sie allein, die ich so stark gewollt,
erfüllte mich und war sodann die meine.
Sie war mir mehr als meine größte Liebe,
mehr als die Sterne und der blasse Mond.
Denn sie vertreibt das Dunkel und die Trübe,
weil sie von Anfang an bei Gott gewohnt.
Die Weisheit aber schenkte aus dem Vollen

und gab Gesundheit, Wissen, Liebesglück.
Ihr ist die höchste Achtung stets zu zollen,
denn Weisheit liegt in eines Königs Blick.
Sie gab mir alles, was der Erdball bietet,
sie gab mir Reichtum, unermessliche Schätze.
Sie war es, die mich immer treu behütet,
so herrschte Recht, die Treue zum Gesetze.
Sie war es, die der Löwen Mäuler zähmte,
die Drachen zähmte, welche Feuer bliesen,
sie war es, derer ich mich niemals schämte,
sie war es, dass die Wolken regnen ließen.
Sie war es, die das Wasser im Wald versenkte,
sie war es, die die Flut versickern ließ,
sie war es, die die Rinderherde tränkte,
sie war es, die mich niemals mehr verstieß.
Ich fand zwar Frauen, tausend an der Zahl,
die meine Bettstatt nächtens willig teilten,
die Weisheit aber schützte mich vorm Fall,
als diese noch beim Götzendienst verweilten.
Die Weisheit schenkte mir die Kunst des Sehens,
so wusste ich das Kommende voraus.
Sie gab mir auch die Gabe des Verstehens,
drum baute ich am Eckstein fest mein Haus.
Mein Fels ist Gott, die Weisheit ist mein Schutz,
die ihn von Anbeginn niemals verlassen.
Ich aber nahm sie nicht zum Eigennutz,
ich ließ sie rufen, schreien auf den Gassen:
„Kommt alle her, hier gibt es Wein für alle,
die Gaben auf dem Tisch sind angerichtet.
Das beste Fleisch aus unseres Königs Stalle,
die dicksten Rinder, die darin gezüchtet."
So rief sie, Frevler schmieden böse Taten
in ihrem Herzen, doch die Guten Recht.
Wenn Lügner dem gerechten Menschen nahten,
erkannten sie die Absicht, sie war schlecht.
Gedanken von Gerechten sind Gesetze,
die in den Augen Gottes gütig sind,

die Frevler aber treiben eine Hetze
mit ihren Opfern, sie verblühen im Wind.
Der Ränkevolle wird gehasst vom Guten,
er macht aus seinem Herzen eine Grube,
doch auch der falsche Zeuge lässt vermuten,
er kommt aus einer schlechten Kinderstube.
Der Tor wird seine Narrheit nicht bemerken
und schreit den Schimpf aus voller Brust hinaus.
Ein kluger Mann ist gut in seinen Werken
und spricht Beschimpfungen nicht einfach aus.
Der Frevler wird von Gottes Zorn getroffen,
sein Haus stürzt ein, ihn trifft Gerechtigkeit,
der Darbende jedoch darf wohl erhoffen,
dass er gesättigt wird zur rechten Zeit.
Der Narr verfängt sich bald in seiner Torheit,
der Kluge aber sucht bei Gott den Rat.
Betörte sind wie blind seit aller Vorzeit,
doch die Thora ist eine gute Saat.
Ein falscher Zeuge spricht nur Lügen aus,
der Weise aber hält sich selbst im Zaum.
Es fällt zusammen eines Frevlers Haus,
Gerechte finden einen Lebensbaum.
Die Weisheit ist die erste seiner Früchte,
die reif und süß wie eine Feige schmeckt.
Der Kluge muss nicht zittern vor dem Lichte,
bei Gottes Zorn sind Böse stets versteckt.
Jedoch entdeckt er alle ihre Taten
und bringt sie vor ein strafendes Gericht,
er rächt sich auch an allen Nimmersatten,
die Guten fürchten seine Rache nicht.
Das Haus der Guten hat Bestand auf Dauer,
er lässt das Vieh gedeihen in den Ställen
und sendet auch die milden Regenschauer,
er gibt ihm Nahrung, wird ihn niemals quälen.
Der Ränkeschmied jedoch gerät in Not
und wird bestraft für seine bösen Listen,
die eigenen Ränke sind für ihn der Tod.

Dann kann er sich mit diesen nicht mehr brüsten.
Der Hochmut kommt gewiss vor seinem Fall,
die Demut aber findet Wohlgefallen.
Die Rache Gottes, wie der Widerhall,
kommt über die, die nicht ihr Gut bezahlen.
Das Wasser, das gestohlen, schmeckt zwar süß,
der eigene Brunnen ist für den Gerechten.
Die Strafe für den Diebstahl ist gewiss,
Gott wird die Ungerechten einstmals schächten.
Die Seele braucht auch Mauern, wie die Stadt,
damit sie einen Angriff übersteht.
Ein Mann, der Weisheit als Gespielin hat,
wird aufrecht stehen, wenn alles untergeht.
Denn auf der Weisheit ist die Welt begründet,
sie ist es, die in unseren Herzen ruht.
Wenn sie in einem guten Werke mündet,
so freut sich Gott. Denn seine Welt ist gut.

AKT V

Szene 1 – Seneca und Marcus Aurelius spazieren über
die Piazza San Pietro. Sie betrachten den Dom. Es ist
kalt. Der Platz ist menschenleer.

Seneca:

Welch Reichtum dieses Rom an Schätzen birgt,
noch immer möchte ich voll Andacht schauen,
wie dieser Anblick auf die Seele wirkt,
welch wunderbare Bauten sie erbauen!
Auch ich war einst nicht abgeneigt den Schätzen,
ich konnte wahrlich aus dem Vollen schöpfen,
doch soll man sich Begierden widersetzen,
nicht maßlos werden vor den vollen Töpfen.
Natürlich wird mich die Gesundheit freuen,
auch möchte ich nicht gar ein Aug verlieren,
doch darf mich irdischer Verlust nicht reuen,
die Seele selbst muss stets die Gottheit spüren.
Mit einem Arm ersehnte ich den zweiten,
denn dies ist sicherlich erstrebenswert.
Doch lasse man sich nicht zum Neid verleiten,
denn solch ein Laster ist in sich verkehrt.
Ich aß und trank bei himmlischen Gelagen,
mein Teller war stets voll, mein Glas stets schwer,
Fortuna liebte mich in jenen Tagen,
mein Haus war gastlich, niemals menschenleer.
Jedoch besaß ich in der eigenen Seele
den Reichtum, den mir keiner rauben kann,
die Gier nach Gold ist nicht, was ich erwähle,
und sieh: mein Herz erfreut sich nicht daran!
Der Reichtum hielt nicht meine Seele fest,
die immer wünschte, Tugend zu bewahren.
Der Reichtum, der uns edel werden lässt,
besitzt das Herz nicht, außer bei den Narren.
Das Gute dieser Welt ist wohl erbaulich,
wenn es die Tugend und die Frommheit zeugt,
doch wendet sich an Gott auch ganz vertraulich
der Bettler, den sein schweres Los gebeugt.

Was immer hilft, das Leben zu gestalten
im Einklang mit dem ethischen Prinzip,
was immer wir an Gut und Geld erhalten,
das war mir auch in meinem Leben lieb.
Wohlan, …

Marcus Aurelius:
… wir müssen bald hinüberfahren
zu jenen, die uns lang vorausgegangen.
Den Körper und den Reichtum zu bewahren,
ist endlich wohl ein dummes Unterfangen.
Wir aber leben nur im Augenblick,
in dem die göttliche Vernunft regiert.
Kein Mensch kann zur Vergangenheit zurück,
der die Gesetze dieses Alls negiert.
Kein Mensch kann sich in ferne Zukunft wagen,
so sehr er dies bedauert, er ist hier,
er kann vom Seher wohl sein Glück erfragen,
nach vorn und rückwärts gibt es keine Tür.
So ist das Sterben auch ein Akt des Lebens,
nur ein Moment, nur die Minute zählt.
Das Streben nach dem Nachruhm ist vergebens,
denn kaum ein Mensch ist dazu auserwählt.
Der Ruhm der Nachwelt liegt wohl im Vergessen,
die wenigen versterben, die man kannte,
so lässt sich eine Ewigkeit ermessen,
in der man Namenlose nicht mehr nannte.
Der Ruhm ist flüchtig wie ein Windeshauch,
so bald hat die Vergangenheit begraben,
was Gut und Böse, alles Schall und Rauch.
Die wahren Schätze sind der Tugend Gaben,
der Logos, der uns mit dem Kosmos eint.
Die göttliche Natur wirkt ja erhaben,
im Tod vergessen sind bald Freund und Feind,
auch wenn wir diesem nimmermehr vergaben.
Wie viele Tränen wurden schon vergossen
in Königreichen, die versunken sind.
Sie führten Kriege auf den hohen Rossen,

sind Staub und Asche, fliegen mit dem Wind.
Die Gottheit lenkt des Menschen ganzes Leben
mit Güte, dass er seinen Zweck erfülle.
Selbst wenn die Ecken dieser Erde beben,
so bleibt die Ethik. Sie ist Gottes Wille.
Selbst wenn die ganze Stadt den Feinden wehrt
und alle sterben, weil sie unterliegen,
so ist es Gott, der uns auch sterben lehrt.
Er ist die Wahrheit, und er hasst das Lügen.
Welch Abgrund tut sich vor der Zukunft auf,
Äonen werden kommen und auch gehen,
wie schwierig scheint des Lebens schneller Lauf,
wie bald wird auch der Mensch das Jenseits sehen.
Wie schwindlig wird mir, wenn ich rückwärts schaue,
der ganze Abgrund der Vergangenheit.
Darum bin ich nur jetzt, und ich vertraue
auf Zeus in dieser scheinbar langen Zeit.
Der Logos ist die göttliche Vernunft,
mit dieser soll das Werk im Einklang stehen.
So warten wir auf eine Wiederkunft
in ferner Zeit, wenn wir uns wiedersehen.

Seneca:
Gelassenheit ist meine größte Stärke,
was immer kommt, so nehme ich es hin.
Ich bin ja nur ein Staubkorn in dem Werke
der Gottheit und erkenne nicht den Sinn.
Ich weiß ja nicht, wie ist das große Ganze?
Der Dichter kennt die Regeln seiner Sprache
und krönt sich mit dem grünen Lorbeerkranze,
doch Gott gehört die Weisheit und die Rache.
Wer seine Gunst ersehnt, der darf erhoffen,
er werde zu den Seinen wiederkehren,
die Zeit, der Ort, das Wie bleibt einfach offen,
die Gottheit wird ihn darin einst belehren.
Wie sehnte ich mich nach den fernen Räumen,
in denen Seelen um die Sonne kreisen.
Ich bat die Gottheit in den kühnsten Träumen,

doch endlich selbst in jenes Sein zu reisen.
Der Geist an sich ist wendig und behende,
doch fesselt in der Körper an die Welt.
Der Mensch …

Marcus Aurelius:
… tut mit der Hand das Werk der Hände,
auch wenn es ihm mit Schmerzen schwerer fällt.
So soll er auch des Menschen Los erfüllen,
wenn es ihn schmerzt, denn dies will der Verstand
und dies entspricht genau des Logos Willen,
genauso wie das Werk von Menschenhand.
Was die Natur in dieser Weise will,
das kann den Menschen auch nicht schlechter machen,
denn dieses Leben ist kein Kinderspiel,
man muss die Weisheit in sich selbst entfachen.
Der Wille Gottes ist die erste Pflicht.
Der Mensch soll tun, was die Natur gebietet,
so weicht er von der Klugheit Pfaden nicht
und ist von Gott in Wahrheit gut behütet.

Szene 2 – Seneca und Marcus Aurelius sitzen im El
Greco. Salomon tritt ein und setzt sich zu ihnen.
Salomon bestellt eine Flasche Rotwein, Marcus
Aurelius trinkt einen Mocca, Seneca trinkt Acqua
minerale.

Salomon:
Das Pferd ist schon bereitet für die Schlacht,
der Sieg jedoch liegt ganz in Gottes Hand.
Als König weiß ich um den Reiz der Macht,
jedoch die Weisheit, die ich einst erkannt,
geleitet mich auf allen meinen Wegen,
die Zuflucht, die sie mir beständig schenkt,
ist für mich Gottes unermesslicher Segen.
Er sieht, wie jeder Mensch im Herzen denkt,
er hält uns fest, damit wir sicher schreiten
auf Pfaden der Gerechtigkeit und Tugend.
So wird er uns ein Festmahl einst bereiten,

nicht nur in schönen Tagen unserer Jugend.
Denn Gott vergibt dem Reuigen die Schuld,
wenn dieser sich in Liebe, Treue übt.
Doch wünscht er nicht den alten Götterkult,
denn er verlangt, dass man nur einen liebt,
den einen Gott, der diese Welt geschaffen.
So manche Völker übertrieben maßlos
den Götzenglauben, ähnlich wie die Affen,
und warfen Opfer vor sie hin zum Fraß bloß.
Ich aber dankte Gott für seine Güte,
da er die Weisheit mir zum Rat gegeben.
So fand ich innerlich die wahre Mitte
und ließ mein Volk im Überflusse leben.
Ein jeder nannte einen schönen Garten
mit Trauben, einem Feigenbaum sein eigen.
Es war nicht nötig, lebenslang zu warten
auf Frieden. Denn er würde sich bald zeigen.
Im Anfang meiner Herrschaft kam die Strafe
auf jene Stämme, die den Götzen dienten.
Ich bat auch Gott, dass er mir Frieden schaffe,
die Frevler aber, die den Frevel sühnten,
erkannten Gottes Macht und weise Führung.
Dann sprach das Schwert mit seiner ganzen Kraft,
dann schwieg der Hochmut still in der Verwirrung,
der überall nur Hass und Neider schafft.
Ich schenkte Reichtum meinem ganzen Lande
so reich an Silber, wie an Steinen reich.
Die Edelsteine waren wie im Sande
die Körner, unzählbar und schön zugleich.
Der Weinberg, der die prallen Früchte trug,
die Äpfel, Trauben, tausende Gewürze,
gab nicht nur für das eigene Land genug.
Es war ein Königreich, in aller Kürze,
dem Gott den Segen überreich geschenkt.
Er war es, der mich auf den Thron gesetzt,
damit die Hand das Volk auch gütig lenkt
und niemand sein geschriebenes Recht verletzt.

Ein Übeltäter konnte nicht entrinnen,
denn Gott erkannte wahrlich seine Schuld.
Doch sollte er das üble Spiel gewinnen,
gehörte ihm doch nie des Höchsten Huld.
Ein jeder trug die Früchte seiner Taten
mit sich nach Haus. Wer nicht die Arbeit scheute,
dem wollten alle Früchte recht geraten.
So wie es damals war, ist es auch heute.
Wer seiner Hände Arbeit freundlich leistet,
der erntet, was er überreich gesät.
Wer sich jedoch zur Übelkeit erdreistet,
der findet Felder, die schon abgemäht.
Wer seine Hände in den Schoß gelegt,
um nur ein Weilchen schläfrig auszurasten,
wer sich zur Arbeitszeit noch faul versteckt,
der muss zur Mahlzeit leider hungrig fasten.
Denn Gott verteilt gerecht der Menschen Speise,
wer arbeitet, bekommt im Überfluss.
Der Gute strengt sich an und spricht auch leise,
und ihm gehört der Tugenden Genuss.
Wer Arbeit scheut und sich in Träume flüchtet,
der findet abends seinen Teller leer.
Er wird von Gott nach seinem Maß gerichtet,
die Waage senkt sich, denn er wiegt zu schwer.
Dann muss er auch Entbehrungen ertragen,
die Waage ist ja nicht im Gleichgewicht.
Er könnte Gott um seine Hilfe fragen,
dann käme seine Faulheit bald ans Licht.
Der Pferdezüchter …

Marcus Aurelius:
… wird die Pferde lieben
und wissen, wie dem Vieh zumute ist.
Der Töpfer wird sich wohl im Töpfern üben,
der nie die Technik seiner Kunst vergisst.
Der Mensch jedoch, der seine Arbeit ehrt,
die er in immer gleicher Weise tut
und die er einem Jungen gern erklärt,

61

hat manchmal nicht zur rechten Zeit den Mut,
den Logos anzuhören, den Verstand,
der dieses Ganze innerlich durchdringt.
Er hat die wahren Werte nicht erkannt,
durch die harmonisch dieses All erklingt.
Die göttliche Vernunft erhebt den Mann
und lässt ihn Gutes tun auf dieser Erde.
Wenn einer auf den Ruf nicht hören kann,
ist er ein Schaf in der verirrten Herde.
Doch nicht des Menschen Wille ist das Maß,
an dem ein Gott die Tugenden gemessen,
selbst ein Diogenes in seinem Fass
wird von der Gottheit keineswegs vergessen.
Die Armut macht den Einzelnen nicht schlecht,
daher ist sie bedeutungslos im Leben.
Wer aber nachdenkt, was vor Gott gerecht,
dem wird der Ewige die Klugheit geben.
Wenn man …

Salomon:
… den Toren in der Dresche drischt,
kommt er genauso dumm daraus hervor,
weil seiner Torheit Flamme nicht erlischt,
die er sich statt der Weisheit Licht erkor.
Der Narr schreit seine Narrheit weit hinaus,
dass aller Ohren diese hören können.
Der Kluge aber baut ein festes Haus,
nach dem sich seine Knechte wahrhaft sehnen.
Der Kluge hält die Zunge stets im Zaum,
die böse Zunge, die Gerüchte streut
unter das Volk, vernimmt der Kluge kaum,
bis jene Falschheit einst ihr Wort bereut.
Die Ungerechten treiben eine Hetze
mit Menschen, die sie in ihr Unglück jagen.
Ich aber schrieb auf Tafeln die Gesetze
und hörte all der Armen lautes Klagen.
Wie ist der Lauf der Welt doch ungerecht!
Im Tod sind alle gleich, die Guten gehen

in ihre Gruben, und ist einer schlecht,
so wird auch er die Sonne nicht mehr sehen.
Der Tod …

Marcus Aurelius:
… neigt sich ans Ohr und flüstert leise:
„Du lebst. Ich komme. Sei dir des gewiss!"
Auf diese Stunde wartet jeder Weise,
die Rückkehr in den Kosmos ist ja süß.

Seneca:
Der Tod ist wahrlich unseres Lebens Sinn,
für diese Stunde ist der Mensch geboren.
Auf Erden ist die Weisheit ein Gewinn
und nichts davon geht einst im Tod verloren.

Szene 3 – Salomon sitzt im Hotelzimmer auf dem
Rand des Bettes. Marcus Aurelius tritt ein und setzt
sich zu ihm. Salomon entzündet eine Kerze. Es ist
bereits dunkel draußen.

Salomon:
Ich sah das Schaffen unter dieser Sonne,
sah wie den Armen jedes Elend traf.
Ich sah den Frevler mit gerechtem Lohne,
den Jammerer und das verirrte Schaf.
Ich sah den Einsamen, der ganz alleine
gescheitert an des Lebens schwerer Last.
Ich sah die Freunde, die wie Tempelsteine
vereint in Liebe, lebten ohne Hast,
denn zwei, drei Fäden halten mehr als einer,
und einer nur reißt ab vor seiner Zeit.
Denn alle Sorgen, Ängste werden kleiner
mit einem Freund, der sich von Herzen freut.
Ich sah die Unterdrückten mächtig leiden,
die Peitsche ihrer Quäler knallte laut.
Ich sah die Frevler mit den Frevlern streiten,
ich sah das Haus, das sich der Mann erbaut.
All dies ist eitel unter dieser Sonne,

ein Haschen nach dem kühlen Sommerwind.
Ich sah auf meinem goldumrahmten Throne
die Mutter mit der anderen Mutter Kind.
Der Mensch …

Marcus Aurelius:
… ist aus dem Kosmos selbst geboren,
gekrönt mit dem Verstand, dem höchsten Wesen,
in diesem Ganzen geht kein Teil verloren,
des Guten nicht und auch nicht alles Bösen.
Das Maul des Löwen, geifernd aufgerissen,
ist nur ein Teil der ordnenden Vernunft,
aus der auch Wurzeln alles Bösen schießen.
Die Mutter, die gleich nach der Niederkunft
ein junges Wesen in den Armen hält,
das schreiend diese fremde Welt betritt,
ist glücklich, dass sie dieses Kind erwählt,
und sieht es größer werden Schritt für Schritt.
Das trügerische Kraut von satten Wiesen,
das eine Köchin in das Essen mischt,
nach dem die armen Gäste sterben müssen,
ist ohne vieles Denken aufgetischt.
Das Gift von schwarzen, überreifen Beeren
verzehrt manch Lebensmüder in der Not.
Dies alles wird das Ganze nicht verwehren,
das wachsen lässt der Menschen täglich Brot.
Das Ganze aber ist an sich vollkommen,
und nicht ein Teil, der in dem Ganzen fehlt.
Die trüben Augen sehen nur verschwommen
den Sinn des Lebens und der ganzen Welt.
Die Folge von dem Guten ist das Böse,
das der gestirnte Himmel für uns webt,
ein jedes Kommen zieht hier weite Kreise.
Der Mensch jedoch, den Gott zu sich erhebt,
erwartet eine Zeit, die niemals endet,
wir nennen sie Äon und Ewigkeit.
Wer die Talente nicht dafür verwendet,
sich zu bewähren, findet ewig Leid.

Es füllen sich im Meer des Fischers Netze
zum Bersten voll, die frischen Meeresfische
und Muscheln, Perlen oder Tiefseeschätze,
der Fischer bringt sie uns in aller Frische.
Die Äpfelbäume sind so reich beladen,
Orangenblüten im Orangenhain,
wir können wie in Milch und Honig baden,
zur Mahlzeit aber gibt es reifen Wein.
Natürlich kriecht die Viper durch den Sand
und beißt den Fuß, der tritt auf ihren Schwanz.
Noch hat kein Mensch das Spinnengift gebannt,
nach der Tarantel Biss erfolgt der Tanz.
Doch wollte dieses Ganze alle Wesen
und die Materie so, wie sie geschaffen.
Der Mensch muss sich von Eitelkeiten lösen,
damit ihn nicht die Götter furchtbar strafen.
Die Leere …

Salomon:
… und die Eitelkeit der Welt
sind nichts in Gottes unverfälschten Augen.
Wer sich auf Erden mit der Armut quält,
wird nicht für hohe Ehrenämter taugen.
Wer aber fleißig seine Hände regt,
dem wird auch täglich Speis und Trank gegeben.
Wer sich ans Lager einer Fremden legt,
den kostet es in manchem Fall das Leben.
Der Mensch, er bleibe der Gazelle treu,
die er in seiner Jugendzeit umworben.
Er mäht für seine Rinder frisches Heu
und jammert nicht, ist ihm ein Lamm gestorben.
Was Gott dem Menschen auch an Segen gibt,
er wird den Reichtum arbeitsreich vermehren,
weil er ja Gott im tiefsten Herzen liebt.
Er lässt sich von der Lehre auch belehren.
Ich sah auf Erden so viel Eitelkeit,
ein stetes Haschen nach dem kühlen Wind.
Die Menschen freuen sich an Heiterkeit,

der Menschen Leben geht vorbei geschwind.
Ich sah viel leere Eitelkeit auf Erden,
den Mann, obwohl er Hundert Kinder zeugte,
dem seiner Arbeit Früchte niemals werden,
für die das Leben ihn gar mächtig beugte.
Denn seiner Hände Arbeit ging ins Leere,
er schuftete nur für ein fremdes Haus.
Ihm selbst erwies nicht ein Mensch seine Ehre,
ein Leben lang. Dies ist ein arger Graus.
Dann sah ich den, der viele Worte machte,
er hielt die schnelle Zunge nicht im Zaum.
Ein jeder wusste alles, was er dachte,
doch Ansehen erwarb der Tor sich kaum.
Denn Gott gefällt die Tugend, die er säte,
des Menschen, der nicht viele Worte macht.
Der Schamhafte mit seiner Wangenröte
besteht vor Gott auch in der dunklen Nacht.
Besser ein guter Name als kostbares Öl,
besser als die Geburt das Ende des Lebens,
nicht wahr?

Marcus Aurelius:
Mein König, ich mache daraus kein Hehl,
ein glücklicher Mann, der lebte nicht vergebens.
Der Mensch soll keinen Menschen glücklich preisen,
der noch im Kreise all der anderen weilt.
Er darf erst dann im Tode glücklich heißen,
der alle Wunden eines Menschen heilt.
Ein König, Krösus, stand am Scheiterhaufen
am Ende seiner Herrschaft hier auf Erden.
Er konnte nicht mit seinem Gold erkaufen,
vor dieser Strafe doch verschont zu werden.
Darum sprach Solon, der Gesetze schuf,
kein Mensch ist glücklich, der auf Erden wandelt.
Der König Krösus jedoch hat den Ruf,
dass er in seinem Reichtum klug gehandelt.
Nur ward ihm das Orakel zum Verhängnis,
er würde ein großes Königreich zerstören.

Dann aber kam er selbst in die Bedrängnis
und konnte sich der Feinde nicht erwehren.
So nahm ein gutes Schicksal seine Wendung
und traf mit voller Wucht den reichen König.
Denn er erfüllte nicht der Gottheit Sendung,
so blieb das Unheil. Alles schien zu wenig.
Der Mensch …

Salomon:
… auf Erden lebt nur kurze Zeit,
dann wird sein Geist sich in die Höhe heben,
weil er sich an des Satans Sturz erfreut.
Denn Gott verschenkt und nimmt das Menschenleben
zu ungewisser Stunde, keiner weiß,
wann jener rabenschwarze Schleier fällt,
der Tod naht uns dereinst auf Gottes Geheiß.
Er kommt, …

Marcus Aurelius:
… wenn er sich in den Kosmos stellt,
wenn wir nicht mehr benötigt sind auf Erden.
Das Sterben aber ist ein Teil des Lebens,
wenn wir zu unserem Gott erhoben werden,
der Mühe Frucht ist keinesfalls vergebens.
Man soll im Leben jede Handlung machen,
so konzentriert, dass man die Welt vergisst.
Man soll ein Feuer in sich selbst entfachen
der Weisheit, die mit ihrem Maßstab misst.
Man soll den wachen Geist niemals zerstreuen,
er soll sich üben in Geduld und Fleiß.
Man findet ja nicht Perlen bei den Säuen.
Ein jeder Wert hat wahrlich seinen Preis.
Geduld ist eine Tugend edler Männer,
dazu Verzeihen, wenn es nötig scheint.
Ein guter Richter ist ein Menschenkenner,
ein Lügner jedoch ist ein schlechter Freund.
Ich schulde Dank, wenn einer mich belehrt,
weil ich mich irrte und nichts besser wusste.

Doch wenn er mich mit Äußerem betört,
erkannte ich, dass ich ihn tadeln musste.
Ein jedes Ding an sich soll man betrachten:
Was ist der Wert, wofür ist dieses da?
Wie viele, die in langen Nächten wachten,
den Sorgen ausgeliefert, Tränen nah.
Der König aber hörte auf den Ruf
des Gottes, der in Träumen Beistand leistet,
des Stimme ihm erklang zu diesem Behuf.
Ich habe mich niemals dazu erdreistet,
die Götter anzuklagen, zu beschimpfen.
Dies ist das Teil der ungelehrten Masse,
die schon versinken in den tiefen Sümpfen,
die ich nicht schätze, aber auch nicht hasse.
Es sind doch alle Menschen meinesgleichen,
genau wie ich aus Lehm und Licht entstanden,
so will ich ihren Hochmut stets erweichen,
damit sie sicher in dem Hafen landen.
Als König schützte ich die Untertanen
mit aller Kraft, die mutig für mich stritten.
Doch ließen sie sich auch von mir ermahnen,
die Gottheit um das neue Korn zu bitten.
Lass regnen, Zeus, so lehrte ich sie beten,
gib uns die Ernte, die uns alle nährt.
So wollte ich mein Schicksal stets verkneten
mit meinem Volk, das ich auch treu belehrt.

Szene 4 – Hermes Trismegistos am schwarzen Strand
von Ostia. Langsam kommt Marcus Aurelius herbei,
gefolgt von Seneca. Zum Schluss kommt Salomon.
Alle vier sitzen am Strand und betrachten den
Sonnenuntergang. Langsam senkt sich die blutrote
Sonne zum Meer.

Hermes Trismegistos:
Die beiden Kräfte, wie sie uns gebunden,
die alles Leben auf der Erde zeugten.
Die Menschen, die die Gottheit schon gefunden,

die Frommen, die sich vor dem Höchsten beugten,
sie wandern schon durch jene Geistersphären,
in die wir wiederkehren heute Nacht.
Die Guten, die die Allgewalt verehren,
erleben einst des guten Gottes Macht.
Wie schön das Sonnenschiff ins Meer eintaucht.
Denn jede Tat auf diesem Erdenrund
erblickt die Sonne, weise und erlaucht.
Sie sieht vom Himmel bis zum Meeresgrund.
Der Mensch ...

Seneca:
... geht ein in diese wahre Schöne,
der schwere Körper aber bleibt zurück.
Verzeiht, wenn ich bei diesem Anblick weine,
es ist doch nur das Kommende, das Glück!
Wie mächtig sind des Meeres Urgewalten,
Neptun erhebt den Dreizack, und die Flut
steigt bis aufs Land. Wer will die Wasser halten?
Die Götter, die unsterblichen, sind gut.
Sie haben uns die nächste Welt erschlossen,
die diese trüben Augen nicht erkennen,
darum will ich das Schicksal unverdrossen.
So wollen wir uns nicht unsterblich wähnen,
der Körper, seine Schwere bleibt zurück.
Er löst die Fesseln, die die Seele binden.
Die Seele aber dehnt sich, Stück für Stück,
und kann den Weg zurück nach oben finden.

Hermes Trismegistos:
Das feuchte Element, das uns beschwerte
in diesem Körper, wird sich bald verwandeln.
Der Geist jedoch schwebt sicher auf der Fährte
der Obigen, die nur aus Liebe handeln.
Dort ist das Gute, Gott in seiner Größe,
das Reich des Geistes, nicht von dieser Welt.
Dies ist, warum ich Trismegistos heiße,

denn Gott hat mir die Erde unterstellt.
Der Geist ...

Seneca:
... ist flüchtig und er schwebt nach oben
zum Götterhimmel, in die Seligkeit.
Bald werden wir zum höchsten Quell erhoben
und lassen hinter uns so wenig Zeit.
Wir treten ein in jene Welt der Seelen,
die Sterbliche in Träumen ahnen können.
Wir dürfen unsere Liebsten dort erwählen,
die Seele muss zuerst im Feuer brennen,
dann muss sie still im tiefen Wasser liegen,
zum Trocknen hängt ein Gott sie in den Wind,
dann weiß sie nichts von Sinnen, die sie trügen,
und kehrt zurück zu ihren Liebsten geschwind.

Salomon:
Du, dreimal größter Hermes, geh voraus
und laß den Geist zu seinesgleichen schweben.
Geh schnell ins tiefbewegte Meer hinaus,
so wirst du uns darauf hinüberheben.

Hermes Trismegistos:
Ich gehe nun zum Leben und zum Licht.

Hermes Trismegistos geht ins Meer und kehrt nicht
mehr zurück.

Salomon:
Mein treuer Freund, vernahmst du dieses Wort?
Der erste geht zum himmlischen Gericht.
Wir sehen ihn nicht wieder. Er ist fort.
Mein Freund Aurelius, bist du bereit?
Der Weg ...

Marcus Aurelius:
... in jenes Sein führt durch das Meer,
dann öffnen sich des Himmels Tore weit
und auf der Erde sind wir nimmermehr.

Nur schlechte Menschen zählen ihre Tage
und wollen eine Stunde länger leben.
Ein guter Mann geht ohne jede Klage
selbst in den Tod. Wenn sie das Schicksal weben,
bestimmen die Erinnyen schon das Ende.
Jedoch ist Gott der Fels, auf dem ich stehe,
ich gebe mich in seine himmlischen Hände.
Ich glaube, ich vertraue, und ich flehe,
er möchte mich im Tode nicht verlassen.
Wenn ich den Blick auf jene Tiefen richte,
so kann ich diese Urgewalt nicht fassen.
Doch blendet mich die Sonne mit dem Lichte,
das eingeht in die Tiefen dieser Nacht.
Es ist ein wunderschönes Schauspiel hier
mit unermeßlich eindrucksvoller Pracht.
In Höhlen schon versteckt sich das Getier,
jetzt kommt die Finsternis mit ihren Flügeln.
Der Sonnengott jedoch treibt an die Pferde
zum letzten Lauf, um ihren Schritt zu zügeln.
Wir finden bald dort drüben unsre Herde.
Das Morgen ist so weit, wir sind nicht mehr,
wenn erst die Sonne ihren Tag beginnt.
Vor uns braust wild und tosend jenes Meer,
in dem das Irdische im Nu zerrinnt.
Noch einen Blick zurück auf jenes Rom,
in dem ich einst als Kaiser treu regierte.
Jetzt hört man Glocken aus dem Petersdom,
der erste Schlag, der dritte und der vierte …
Es ist getan.

Marcus Aurelius geht ins Meer hinaus. Er kehrt nicht
wieder.

Salomon:
Jetzt ist er fort.
Auch diesen Freund erblicken wir nicht wieder
auf dieser Welt, denn endlich ist er dort,
wir müssen hoch zu ihm, er kommt nicht nieder.

Er wusste, Heil und Unheil zu ertragen,
Gelassenheit erfüllte seine Seele.
Wenn nun auch meine Kräfte bald versagen,
so ist es dieser Weg, den ich mir wähle.
Ach, wenn die Jungen freudig sich vergnügen,
so denken sie nicht an die fernen Tage,
wenn sie auf Wiesen und in Wäldern liegen,
da gibt es keine Träne, keine Klage.
Doch wenn die Müllerinnen feiern wollen,
weil ihrer immer weniger noch leben,
wenn Berge kreißen und die Donner rollen,
dann muss man auch den alten Körper geben.
Er ist von Staub und muss zu Staub zerfallen,
denn dieses sind die irdischen Gesetze.
Es wird kein Wein sein, wird kein Lied erschallen,
wenn ich mich bald zur letzten Ruhe setze.
Wie sprach der Kaiser? Er wird untergehen,
so wie die Sonne, die im Meer versinkt.
Wann wird der Mensch das letzte Ziel verstehen,
den Augenblick, in dem ihn Gott durchdringt?
Wir beide, Seneca, mein treuer Lehrer,
erwarten noch die Gunst der letzten Stunde.
Dann sinken wir wie Steine, immer schwerer,
mit einem Mal bis tief zum Meeresgrunde.
Der Körper sinkt hinab und wird vergehen,
die Seele aber steigt zu Gott hinan.
Noch einmal möchte ich die Welt verstehen,
die Sterne zählen. Bin ich nicht ein Mann?
Noch einmal sehne ich mich nach dem Blick
der schönen Frau, nach ihres Weinbergs Früchten,
doch gibt es nicht den Weg dorthin zurück.
Bald aber wird sich dieses Dunkel lichten.
Denn drüben funkeln tausendmal so hell
die Sterne auf dem schnellen Weltenlauf.
Der Geist ist wendig und bewegt sich schnell,
des Körpers Schwere hält ihn nicht mehr auf.
Der erste Schritt …

Seneca:

… zu jenen, die dort leben,
ist bald getan. Ich gehe zu den Meinen.
Dann will ich mich in die Gefilde heben,
in denen Menschen nie mehr Tränen weinen.
Es ist getan.

Salomon:

… So bin ich denn allein.
Die hohen Wellen geben nicht mehr her,
was tief im Meer begraben. Und zum Schein
verlassen wir die Erde gar nicht mehr.
Das Abendrot verschwindet bald im Dunkeln.
Nicht einer von den dreien ist mehr hier
lebendig auf der Welt, und manche munkeln,
der Mensch sei nicht viel klüger als das Tier.
Gott gab mir Weisheit, so wie auch den andern,
den Lauf der Zeit, die Erde zu verstehen,
nun muss auch ich in jene Sphären wandern
und mit dem Meer, den Winden bald vergehen.
Es sind die Tage, da die Felsen stürzen
auf Berg und Tal, da alle Dämme brechen.
Der Mensch kann zwar sein Leben auch verkürzen,
doch muss er Gott den eigenen Dienst versprechen.
Wenn Gott mich ruft, jetzt ist es Zeit zu gehen,
dann muss ich folgen, denn er ist mein Herr.
Mein Atem wird im kühlen Wind verwehen,
auch das ist Eitelkeit, auch das ist leer.
Die Seele aber steigt hinauf zu Gott,
sie kehrt nicht mehr zurück auf diese Welt.
Das Leben aber endet nicht im Tod,
weil Gott die Seelen in den Händen hält.
Dort will ich sein, ich will zu meinen Lieben,
zu all den Frauen, zu den alten Weisen.
Ich will mich nicht alleine so betrüben
und will um jene hellen Sonnen kreisen.
Dort ist mein Ziel. Es geht kein Weg zurück.
Ein Gott nimmt mich an meinen beiden Händen,

dann drehe ich mich um: noch einen Blick
auf dieses Rom! Mein Leben wird jetzt enden.

Salomon geht ins Meer. Er kehrt nicht zurück. Am
Himmel sieht man ein großes Feuerwerk. Im
Hintergrund taucht der geflügelte Pegasus auf aus den
Fluten und trägt einen nach dem anderen in die
nächste Welt, zu den Wolken empor.

C. M. Herzog, geboren in St. Pölten, Austria; Studium begonnen Spanisch, abgeschlossen Englisch, Französisch an der Universität Wien; Italienisch, Neugriechisch; Studien der Antike: Latein, Altgriechisch; Studien der chinesischen Sprache und Kultur; Arabisch, Hebräisch; ehemals Autor für das Wiener Journal (06/1993-06/94); Beiträge für Literaturzeitschrift etcetera 67/2017, "Nezha und das tosende Meer", etcetera 71/2018, "Meine arabische Quelle aus dem Qur'an"; etcetera 72/2018, "Der Götterschmied" (Lyrik). Ab urbe condita (Autor: Titus Livius, Latein, Ed. C. M. Herzog), Libri XXXIX-XLI, XLII-XLV, XLVI-CXL; Herodoti Historiae (Autor: Herodotus Halicarnasseus, Altgriechisch, Ed. C. M. Herzog).

C. M. Herzog (German literature):

1. ARIADNE & THESEUS, GEDICHTE

C. M. HERZOG, VERLAG DIE BLAUE EULE, BD. 57

2. DIE VERWANDELTE WELT, LYRIK IN HEXAMETERN

C. M. HERZOG, VERLAG DIE BLAUE EULE, BD. 58

3. HARTMANN DER MÖNCH, BALLADE

C. M. HERZOG, VERLAG DIE BLAUE EULE

4. WEISHEIT UNTER DER SONNE, DRAMA IN 5 AKTEN

C. M. HERZOG, VERLAG BOD

ISBN 9 783756 818 051

5. DER ZAUBER DER ANTIKE, GEDICHTE

C. M. HERZOG, VERLAG BOD

ISBN: 9 7837 32 286256

6. DER PRACHTFINK, SATIRISCHE GEDICHTE

C. M. HERZOG, VERLAG BOD

ISBN: 9 7837 39 237350

7. DER STEINEICHE GOLDENE ZWEIGE

C. M. HERZOG, VERLAG BOD

ISBN: 9 7837 44 801263 (Paperback)
ISBN: 9 7837 44 817516 (Hardcover)

8. MEISTER DER STEINERNEN LEUEN

C. M. HERZOG, VERLAG BOD

ISBN: 9 7837 46 098142 (Paperback)
ISBN: 9 7837 46 074016 (Hardcover)

9. APHRODITE LIEBT URANOS

C. M. HERZOG, VERLAG BOD

ISBN: 9 783750 427891 (Paperback)

10. ONCE THERE WAS EDEN (English sonnets)

C. M. HERZOG, VERLAG BOD

ISBN: 9 783752 673173 (Paperback)

11. GÖTTIN CORONA (GEDICHTE)

C. M. HERZOG, VERLAG BOD

ISBN: 9 783754 330630 (Paperback)

C. M. Herzog (philosophy in German):
12. DAS FEUER DER WEISEN

Philosophische Weltbetrachtung aus dem Reichtum der Antike

C. M. HERZOG, H. C. AURELIUS

VERLAG DIE BLAUE EULE, BD. 61

13. DER TEMPEL DER SEELENRUHE

Weisheiten der Antike aus Ost und West

C. M. HERZOG, AL-MALIK SALOMON

VERLAG DIE BLAUE EULE, BD. 63

Titus Livius (Ab urbe condita):
14. AB URBE CONDITA

Libri XXXIX-XLI

ED. C. M. HERZOG, VERLAG BOD

ISBN: 9 783749 430338 (Paperback)
15. AB URBE CONDITA

Libri XLII-XLV

ED. C. M. HERZOG, VERLAG BOD

ISBN: 9 783749 448852 (Paperback)
16. AB URBE CONDITA

Lib. XLVI-CXL epitomae et fragmenta

ED. C. M. HERZOG, VERLAG BOD

ISBN: 9 783748 142065 (Paperback)

Cornelius Tacitus (Opera):
17. CORNELII TACITI ANNALIUM

Libri I-VI

ED. C. M. HERZOG, VERLAG BOD

ISBN: 9 783752 899139 (Paperback)
18. CORNELII TACITI ANNALIUM

Libri XI-XVI

ED. C. M. HERZOG, VERLAG BOD

ISBN: 9 783755 747765 (Paperback)

Herodotus Halicarnasseus (Historiae):

19. HERODOTI HISTORIAE

Liber I

ED. C. M. HERZOG, VERLAG BOD

ISBN: 9 783746 074290 (Paperback)

Vetus Testamentum Graece:

20. LIBRI SALOMONIS: PARS I

Proverbia, Ecclesiastes, Canticum canticorum

ED. C. M. HERZOG, VERLAG BOD

ISBN: 9 783752 625097 (Paperback)

Biblia sacra vulgatae editionis:

21. SALOMONIS LIBRI DUO: PARS II

Liber sapientiae, Ecclesiasticus

ED. C. M. HERZOG, VERLAG BOD

ISBN: 9 783753 402802 (Paperback)

22. SAVE EACH SINGLE LIFE: CHINESE

(IN CHINESE)

C. M. HERZOG, VERLAG BOD

ISBN: 9 783753 480411 (Paperback)